臺灣歷史與文化 研究輯刊

十一編

第 2 冊

埔里愛蘭長老教會的設立與發展

李靖唐 著

花木蘭文化出版社

國家圖書館出版品預行編目資料

埔里愛蘭長老教會的設立與發展／李靖唐 著 — 初版 — 新北
市：花木蘭文化出版社，2017〔民 106〕
目 2+188 面；19×26 公分
（臺灣歷史與文化研究輯刊十一編；第 2 冊）
ISBN 978-986-404-935-6（精裝）
1. 臺灣基督長老教會愛蘭教會 2. 歷史

733.08   106001099

ISBN-978-986-404-935-6

9 789864 049356

臺灣歷史與文化研究輯刊
十一編　第 二 冊
ISBN：978-986-404-935-6

埔里愛蘭長老教會的設立與發展

作　　者　李靖唐
總 編 輯　杜潔祥
副總編輯　楊嘉樂
編　　輯　許郁翎、王筑　美術編輯　陳逸婷
出　　版　花木蘭文化出版社
社　　長　高小娟
聯絡地址　235 新北市中和區中安街七二號十三樓
　　　　　電話：02-2923-1455／傳眞：02-2923-1452
網　　址　http://www.huamulan.tw 信箱 hml810518@gmail.com
印　　刷　普羅文化出版廣告事業
初　　版　2017 年 3 月
全書字數　133838 字
定　　價　十一編 6 冊（精裝）台幣 12,000 元

埔里愛蘭長老教會的設立與發展

李靖唐 著

作者簡介

李靖唐

◎ 1968 年生於台灣省桃園縣楊梅鎮埔心。

◎ 國立政治大學歷史系畢業、國立中興大學歷史研究所碩士專班畢業。

◎ 曾任教於台北市私立開平高中、桃園縣楊梅大華高中、台中市潭子國中、台中市大甲國中 現任教於台中市立光明國民中學。

◎ 長期以來用關懷的角度去理解歷史、探索歷史，透過各式歷史文書資料的蒐集及實際田野踏 查，去尋求自己熱愛歷史的答案。

◎ 透過歷史教學能夠將自己在台灣、中國及世界歷史探究上的些許心得與孩子們分享，期許他 們也都能將歷史豐富的人文鄉土、自然環境、文化內涵，與更多人分享，讓每個人的生命更 加精彩有意義。

提　　要

　　位於埔里愛蘭台地上的愛蘭教會是一間以巴宰族人為主體的教會，1865 年英國基督長老教會透過醫療宣教將福音傳入台灣，平埔族成為最早接受基督教信仰的族群，本論文即以平埔族巴宰族群為例，從歷史變遷的角度探討埔里愛蘭教會的設立其發展的過程。中部巴宰族群自 19 世紀初遷徙入埔後，形成不同的聚落分布，清政府採取「開山撫番」的政策後，漢人大量入埔拓墾，同時也帶來了原鄉的民間信仰，致使巴宰族人嚴重漢化，傳統文化幾近消失。1871 年烏牛欄社受到基督教的醫療宣教因而全族改宗，英國宣教師來此協助建立教會，成為埔里基督教信仰的重要起源地，愛蘭教會的發展過程與埔里巴宰族群的的社群活動、教育文化及醫療發展產生重要的關聯。近年來移居外地的巴宰族人成立「蘭僑」組織，藉著基督信仰凝聚族群意識，埔里「南投縣巴宰族群文化協會」透過教會組織極力復振巴宰族人傳統文化，教會與當地文化的結合顯示了基督信仰在平埔文化發展過程中扮演了重要的角色。

目
次

第一章　緒　論

第一節　研究動機與目的

　　台灣是一個宗教信仰多元的社會，在眾多的宗教信仰當中，基督教是外來的宗教，[註1] 信仰基督教的台灣住民當中，除了漢人外，也有許多的原住民，而最早接受基督教信仰的是平埔族群。如在山地部落常會看到高掛十字架的教堂，它不僅是基督福音的宣教中心，也是部落的生活核心。

　　台灣基督教會的建立最早可追溯到 1626 年西班牙的「天主教道明會」（Dominican Mission of Roman Catholic Church）[註2] 宣教師來台，1627 年荷蘭『改革宗教會』（Dutch Reformed Church）[註3] 宣教師干治士牧師（Georgius

---

〔註 1〕 十六世紀，基督教會制度的變革，引發了東西方教會分裂，對於信仰本質的
　　　　　爭辯與探究，更引發了馬丁路德（Martin Luther，1482～1546）的宗教改革行
　　　　　動。宗教改革（Reformation）即新教（即今日的基督教）、舊教（天主教）的
　　　　　分水嶺，而新、舊教之間漸形成各自發展的局面，因此現代所稱的「基督宗
　　　　　教」乃包括了天主教與基督教。

〔註 2〕 1626 年西班牙遠征艦隊進佔北台灣基隆港，道明會傳教師開始進行島上的傳
　　　　　教。

〔註 3〕 『改革宗教會』是 16 世紀宗教改革的時候出現的，起初馬丁路德在 1517 年
　　　　　年帶領宗教改革的時候，他引導教會回到聖經，強調人的得救，不是靠功德，
　　　　　乃是『因信稱義』。那時他所帶領的教會，就叫『路德教會（Lutheran Church）』。
　　　　　但是法國人約翰·加爾文（John Calvin，1509～1564）於 1536 年在日內瓦也
　　　　　進行宗教改革，他所帶領的宗教改革更加澈底。路德盡量保留天主教的崇拜
　　　　　儀式，只要聖經沒有禁止的事，他都保留；但是加爾文盡量遠離天主教的崇
　　　　　拜儀式，他只實行聖經所吩咐的事，以致於人稱他為『改革者』，而他的教會
　　　　　就被稱為『改革宗教會』，如今在歐洲大陸仍有許多的『改革宗教會』存在。

Candidius）〔註4〕來台向平埔族傳教，建立教會。1865 年則是「英國長老教會在臺灣宣教」以及「基督教再度進入臺灣傳教」的第一年，而首先將基督教再度帶進臺灣的，就是英國長老教會的宣教師馬雅各醫生（James L. Maxwell，1836～1921）。〔註5〕

十九世紀的基督教傳教是一個全球性的現象，醫療宣教成為教會擴張的重要模式。〔註6〕英國長老教會來台宣教自始即以「醫療」為主軸，〔註7〕他們最早進入平埔族群聚落，以台灣南部府城附近的西拉雅族為首要的宣教對象，進而為其施藥及疾病治療，其後向北擴展到中部、北部，甚至東部地區。透過醫療傳教，平埔族教會紛紛建立，而教會的開拓及建立扮演著宣揚福音的重大使命。

平埔族群原本有自己的祖靈信仰，在接受漢人的民間信仰後，本族的傳統文化及語言已逐漸消逝，1865 年英國長老教會的外國傳教士進入台灣後，他們竟願意放棄自己傳統的信仰而改信了「洋教」，若從信仰的角度來看，『地上的萬族都要因祢得福』〔註8〕是上帝的救恩臨到他們身上，但換個角度想，是什麼力量，何種因素使得平埔族群成為最先接受基督教的洗禮？是在何種契機下他們接受了福音？又何以是全族回歸信主？是否有受到阻撓？之後又是如何去傳揚福音呢？這是值得令人深思的課題，而這也是本論文研究的最初動機。

在中部地區建立的第一間教會是大社教會（今台中市神岡區）是以巴宰族為主體的平埔族群教會，也是基督教進入中部埔里盆地宣教的橋樑。〔註9〕

　　　　後來蘇格蘭的約翰諾克斯到了日內瓦，受到加爾文的影響，等他1555年回到英國設立教會，他所設立的教會不叫『改革宗教會』，反而叫『長老會』（因為在行政上是以長老治會而得名）。英國的長老會後來隨著移民傳到北美。改革宗教會也有譯作「荷蘭歸正教會」。

〔註4〕康培德，〈紅毛先祖？新港社、荷蘭人的互動歷史與記憶〉，《台灣史研究》，第15卷第3期（台北：中央研究院台灣史研究所，2008），頁4～7。

〔註5〕鄭連明主編，《臺灣基督長老教會百年史》（臺北：臺灣基督長老教會，1965初版），頁6～8。

〔註6〕吳學明，〈終戰前台灣基督長老會的醫療傳教──以南部教會為中心〉，《台灣基督長老教會研究》（台北：財團法人基督教宇宙光全人關懷機構，2006），頁11。

〔註7〕鄭仰恩，《定根本土的台灣基督教》（台南：人光出版社，2005），頁261。

〔註8〕《舊約聖經》〈創世紀〉十二篇第三節。

〔註9〕巴宰族的祖居發祥地，原在現今豐原大安與東勢一帶，並以豐原的岸裡大社

埔里愛蘭台地上的巴宰族人接受基督教後建立烏牛欄教會，〔註10〕成為埔里
地區基督教信仰發展的起源，〔註11〕而教會也成為埔里巴宰族人的文教中心。
台灣基督教長老教會大社教會在發刊的〈大社教會設教120週年史〉中說：

> 大社教會的設立是由多數外國宣教師的犧牲與奉獻，同時也有更多
> 先輩族人們的努力，在重重困難裡走出陰影的日子，把巴宰族文化
> 帶入一個不同的領域。巴宰族人失去廣大的土地，卻永不失去最純
> 真的信仰。〔註12〕

教會透過醫療宣教獲得族人認同，更引進新觀念，重視教育，凝聚族人
的向心力，〔註13〕長老教會的建立，在巴宰族群文化的傳承上，有了緊密相
連的關係。本論文研究的目的，是以一間地方教會為起點，除了探討其歷史
發展的背景及變遷過程外，也希望能藉由此一地方教會的建立，探討長老教
會在宣教過程中與平埔族群間的互動關係。埔里愛蘭教會是座歷史悠久的教
會，是巴宰族人的政教中心，她的建立與大社教會有極深的淵源。巴宰族人
（Pazeh）尚未漢化之前，即有自己的社會生活習慣及宗教信仰，在清初與漢
人接觸後，逐漸地漢化，是平埔族中最早漢化的一族。〔註14〕由於極早便受
漢化影響，他們也接納了漢人的民間信仰，而巴宰族的文化傳統也因此逐漸
消失。清同治年間埔里的巴宰族人改信基督教，成為基督教徒，教會在埔里
地區扮演了重要的角色。埔里愛蘭地區的地理環境、人口變遷、產業發展、
社群互動與教會之間的發展關係如何？這也是本文試圖延伸探討的課題。

為早期社群中心。在向外拓展的過程中族人以大甲溪流域為中心自南、北墾
殖，分別建立了樸仔籬、烏牛欄、阿里史、葫蘆墩、西勢尾等岸裡九社。清
道光初年開始，巴宰族曾有兩次大規模遷徙，一批移向宜蘭壯圍地區，另一
批向埔里盆地集體墾殖，其中以巴宰七社的族人最能保持同源性，至今尚能
保存部分語言、音樂等傳統，因此被認為是巴宰族群中最具代表性的聚落群。

〔註10〕簡史朗，〈信奉基督教的巴宰海族人〉，《南投縣鄉土大系・住民篇》（南投：
南投縣政府，1995），頁110。
〔註11〕潘萬益，〈烏牛欄（愛蘭）教會沿革〉（台中：岸裡大社，1998未刊稿）程士
毅，〈巴宰族群簡史〉，《台灣土龍傳奇・巴宰族群語教材教師手冊文史篇》（南
投：台灣打里摺文化協會，2004），頁119～121。
〔註12〕台中大社教會，《台灣基督教長老教會大社教會設教120週年史》，〈後記〉（台
中：大社教會，1991），頁165。
〔註13〕簡史朗，〈平埔族第一間禮拜堂・埔里烏牛欄教會的故事〉《中國時報》第42
版，1994年8月4日。
〔註14〕洪秀桂，〈南投巴宰海族人的宗教信仰〉，《台灣大學文史哲學報》，第22期（台
北：台灣大學文學院，1973），頁447。

第二節　研究回顧

　　本論文是以長老教會在台灣的發展爲背景，而埔里愛蘭台地的愛蘭教會則爲空間座標，巴宰族與宣教師、非巴宰族人的互動爲貫軸線來檢視本論文的相關研究。首先是台灣長老教會來台灣宣教及地方教會在台灣發展的相關研究成果，其次則是埔里盆地的開發及平埔族群、巴宰族群宗教信仰的變遷爲文獻探討的重心。

一、關於基督教在台灣發展歷程的相關研究

　　目前關於台灣長老教會的研究，在議題上大約可分爲原住民議題、長老教會史、政教關係、社會福利、社會運動、教會音樂、教會建築、教會地理分布及宗教理論等面向，其中又以原住民議題、長老教會史及政教關係爲研究重心，而研究方法多以文獻研究及口述訪談爲主。〔註15〕其中關於原住民的議題及長老教會史所共同發展出來的議題則是有關原住民的宣教史。由於長老教會在十九世紀末期即進入台灣宣教，其所留存在台灣社會中的形象，最能夠描繪出台灣早期社會歷史的面貌。然而在諸多的研究論文中，卻鮮少探討平埔族的宣教史。因此，必需透過神學院體系，如台南神學院圖書館及台灣教會公報社等教會機構找尋資料。

　　關於基督教在台宣教的相關學術論著：基督教信仰同時在荷蘭人統治台灣時即已傳入，因此早期對台灣基督宣教史的研究，多以西班牙及荷蘭資料及檔案爲主，西班牙方面的檔案資料多著重在天主教，有關近世初期荷蘭人到臺灣宣教的相關論述，如翁佳音撰〈十七世紀的臺灣基督教史——史料與研究〉，林昌華撰〈早期台灣基督教史研究的史料與文獻〉、〈殖民背景下的宣教——十七世紀荷蘭改革宗的宣教師與西拉雅族〉〔註16〕、〈荷蘭時期教會人物檔案〉〔註17〕分別介紹台灣改革宗教會的首任宣教牧師及其他宣教士，其中對西拉雅族的宣教發展也有論述。此外由賴永祥編寫的〈基督教臺灣宣教史文獻〉中所函括的史料彙編、宣教師著作、聖經之翻譯、論述、教化之遺

〔註15〕康鈺瑩，〈台灣基督長老教會博碩士論文研究趨勢之回顧與展望〉，《思與言》第 37 卷第 2 期（台北：思與言雜誌社，1996），頁 155～172。

〔註16〕潘英海、詹素娟主編，《平埔研究論文集》，（台北：中央研究院台灣史研究所籌備處，1995 年 6 月），頁 333～364。

〔註17〕林昌華，〈荷蘭時期教會人物檔案〉，《新使者》第 109 到 113 期，（台北：新使者雜誌社，2009）。

留有多篇與荷蘭宣教歷史相關資料，值得參考。〔註18〕

　　林治平主編《台灣基督教史——史料與研究回顧國際學術研討會論文集》〔註19〕收錄多篇關於台灣基督教的發展史，其中李志剛〈從「中國叢報」探究早期基督教士在台灣之報導〉，作者以《中國叢報》爲例，找尋早期基督教士到台灣的足跡及其對台灣有的相關報導。〔註20〕王成勉的〈台灣基督教史料之研究〉〔註21〕，主要是以歷史意識與史料保存做爲重點，一方面了解教會如何看待歷史與自身的史料，另一方面則可明白目前基督教史料保存的現況與史料特色。

　　至於台灣長老教會史的相關研究，目前已有不少學術成果，吳學明《從依賴到自立——終戰前台灣南部長老教會研究》〔註22〕詳實說明了台灣長老教會的傳入及其發展，及長老教會如何從依賴英國宣教師，到地方教會的自治、自傳、自養。另外〈台灣基督長老教會的醫療傳教〉〔註23〕、〈終戰前台南「長老教中學」的歷史觀察〉〔註24〕、〈台灣基督長老教會的三自運動（1865～1945）〉〔註25〕、〈《台灣府城教會報》及其史料價值〉〔註26〕四篇的論文經修改後，已收錄在他的《台灣基督長老教研究》〔註27〕專書中，此外他的《近

〔註18〕台灣基督長老教會總會歷史委員會編，《台灣基督長老教會百年史》（台南：台灣教會公報社，1965），卷末1～7頁。

〔註19〕林治平主編《台灣基督教史——史料與研究回顧國際學術研討會論文集》（台北：財團法人基督教宇宙光全人關懷機構，1998年）。

〔註20〕李志剛，〈從「中國叢報」探究早期基督教士在台灣的報導〉，林治平主編《台灣基督教史——史料與研究回顧國際學術研討會論文集》（台北：財團法人基督教宇宙光全人關懷機構，1998年）。

〔註21〕王成勉，〈台灣基督教史料之研究〉，林治平主編《台灣基督教史——史料與研究回顧國際學術研討會論文集》（台北：財團法人基督教宇宙光全人關懷機構，1998年），頁239。

〔註22〕吳學明，《從依賴到自立——終戰前台灣南部長老教會研究》，台南：人光出版社，2003。

〔註23〕吳學明，〈台灣基督長老教會的醫療傳教〉，桃園：中原大學主辦，海峽兩岸教會史研究現況學術研討會，2001，11。

〔註24〕吳學明，〈終戰前台南「長老教中學」的歷史觀察〉，《南師學報》卷38，1期，台南：台南師範學院，2004。

〔註25〕吳學明，〈台灣基督長老教會的三自運動（1865～1945）〉，《台北文獻》直字第121期，1997。

〔註26〕吳學明，〈《台灣府城教會報》及其史料價值〉，台北：國家圖書館與漢學研究中心主辦「地方文獻學術研討會」，2002。

〔註27〕吳學明，《台灣基督長老教會研究》（台北：財團法人基督教宇宙光全人關懷機構，2006年）。

代長老教會來台的西方傳教士》〔註28〕，也是認識及研究長老教會歷史的基礎材料。洪辭惠的〈台灣政教關係之研究——以台灣基督長老教會三大宣言爲中心〉，〔註29〕論述長老教會在台灣發展的歷程及其神學思想及組織，並探討長老教會的本土化發展。黃茂卿編著《台灣基督長老教會太平境馬雅各紀念教會九十年史（1865～1955）》〔註30〕詳細介紹英國長老教會來台宣教的背景及其發展變遷，雖然以南部教會爲主體，但仍可視爲基督教會初期在台灣發展的簡史。

在研究南部教會歷史或是地方教會史的同時，《台灣府城教會報》〔註31〕除提供台灣基督長老教會發展史研究外，內容多元且豐富，是研究台灣史重要的史料之一。張妙娟的〈《臺灣府城教會報》與清季臺灣的基督徒教育〉〔註32〕，除探討基督長老教會來台宣教的歷史淵源及其與廈門、汕頭傳教的關聯外，對於《台灣府城教會報》透過推動白話字，提升學校教育功能，進而強化其在教育宣教上的歷史意義，作了詳細探討。

蔡主恩的〈臺灣基督長老教會的擴展研究〉〔註33〕則以地理學的方法來探討長老教會的擴張，並就歷史分期來探討長老教會在台灣各分期的空間擴張情形，其〈台灣基督長老教會之地理分布及其土地使用之研究〉，〔註34〕則是前文的再延伸，探究長老教會在地理上的分布及其利用的情況。蘇玉芳的〈清末洋人在台醫療史：以長老教會、海關爲中心〉〔註35〕本論文雖以討論

〔註28〕吳學明，《近代長老教會來台的西方傳教士》（台北：日創社文化，2007）。

〔註29〕洪辭惠，〈台灣政教關係之研究——以台灣基督長老教會三大宣言爲中心〉，（桃園：國立中央大學歷史研究所碩士論文，2009）。

〔註30〕黃茂卿，《台灣基督長老教會太平境馬雅各紀念教會九十年史（1865——1955）》（台南：台灣基督長老教會太平境馬雅各紀念教會，1988）。

〔註31〕郭乃惇，《基督教初傳台灣》（高雄：雅各出版社，2009），無頁碼。《台灣府城教會報》是於1885年由英國傳教士巴克禮（Rev Thomas Barclay）創辦的台灣第一份報刊，以白話字發行，記錄清末以來長老教會在台灣社會中的發展情形，而這份教會報是東南亞最早也是持續最久的教會報刊，於1892年改稱《台南府城教會報刊》，是今日《台灣教會公報》的前身。

〔註32〕張妙娟，〈《臺灣府城教會報》與清季臺灣的基督徒教育〉（台北：國立台灣師範大學歷史研究所，2002）。

〔註33〕蔡主恩，《臺灣基督長老教會的擴展研究》（台北：國立臺灣師範大學地理研究所碩士論文，1986年）。

〔註34〕蔡主恩，《臺灣基督長老教會之地理分布及土地使用之研究》（台北：私立文化大學地理學研究所博士論文，1995年）。

〔註35〕蘇玉芳，〈清末洋人在台醫療史：以長老教會、海關爲中心〉，（桃園：國立中央大學歷史研究所碩士論文，2002）。

清末長老教會（Presbyterian Church）與海關（Maritime Customs）在臺灣的醫療行為，也論述了英國及加拿大長老教會來台宣教的原因、並詳細說明了首任宣教師在台宣教的情形。鄭仰恩〈台灣基督長老教會醫療宣教小史〉﹝註36﹞、賴志忠〈台灣醫療傳道史之研究——英國與加拿大長老會之比較〉對基督教來台灣醫療宣教的契機作概略的說明，可對英國長老教會及加拿大長老教會在台灣南部及北部的醫療宣教發展有更進一步的認識。

　　教會公報社出版的專著及工具書是值得參考的研究資料。《台灣信仰名人略傳》對於宣教師的生平事蹟、來台傳道的心路歷程及台灣社會的互動情況，均有詳實重點的介紹。﹝註37﹞1889 年出版的《台灣佈教之成功》（An Account of missionary Success in the Island of Formosa）一書是甘為霖牧師在台宣教的歷程，且多有年月日的記錄，是甘為霖親自的見聞，史料價值甚大，因此賴永祥說本書對研究 1872～1889 年間南部教會史的人來說，是必定要參考的資料。﹝註38﹞甘為霖牧師的《素描福爾摩沙——甘為霖台灣筆記》記錄在台灣宣教期間他所接觸到的台灣社會，除了宣教歷程外，也記錄下他在面對台灣漢人社會及原住民族群時的親身歷險，成為認識外國宣教士在台灣宣教最真切的報導與記錄。﹝註39﹞

　　在台灣長老教會宣教史上有一句傳誦的話：「北馬偕・南甘為霖」，1871 年 10 月甘為霖牧師成為英國長老教會派駐台灣的第二位宣教師，台灣基督長老教會歷史委員會主委潘稀祺牧師在所著《台灣盲人教育之父——甘為霖博士傳》﹝註40﹞中對甘為霖牧師獻身台灣社會，開拓台灣中部及南部教區，建立教會的歷程，特別對走訪中部大社、內社及埔里烏牛欄社等平埔族群都有詳實記錄。

﹝註36﹞鄭仰恩，〈台灣基督長老教會醫療宣教小史〉，《新使者》，（台北：新使者雜誌社，2001）。

﹝註37﹞楊士養牧師著《台灣信仰名人略傳》，由台灣教會公報社刊行，原有兩集，分別刊於 1966 及 1969 年，但目前已絕版，另由林信堅牧師重新修訂為《信仰偉人列傳》台灣教會公報社發行，1989 年人光出版社出版。

﹝註38﹞甘為霖著，陳復國譯，《台灣佈教之成功》（台南：人光出版社，2007）。本書最早在於倫敦付印、出版的書籍，1972 年台北成文出版社翻印，教會史權威賴永祥教授認為這是其介紹台灣傳教首部有分量的英文書。賴永祥，〈台灣佈教之成功〉，《教會史話》，第一輯（台南：人光出版社，1990），頁 191～192。

﹝註39﹞甘為霖著，林弘宣、許雅琦、陳珮馨譯《素描福爾摩沙——甘為霖台灣筆記》（台北：前衛出版社，2009）。

﹝註40﹞潘稀祺，《台灣盲人教育之父——甘為霖博士傳》（台南：人光出版社，2004）。

此外，北部的宣教事工則以 1872 年受加拿大長老教會派駐台灣的偕叡理牧師（Rev. George Leslie Mackay，1844～1901）在淡水傳教為始，而這也是基督長老會在北部宣教的起點，偕叡理牧師即馬偕博士（George Leslie Mackay）。對於馬偕在台灣的宣教歷程，除對馬偕的研究及傳記外，馬偕本身的日記手稿及回憶錄更是重要史料。《福爾摩沙紀事：馬偕台灣回憶錄》（From Far Formosa）所記錄的是馬偕在台灣的傳道記錄及見聞，以台灣北部為主，其中對漢人社會及原住民族群的風土民情及族群間互動，都有詳實記錄外，對於台灣的自然生態及歷史人文也有深入的觀察及見解。〔註 41〕此外，筆名為瑪麗安・紀斯（Marian Keith）的女作家 Mary Esther Miller MacGregor 以《黑鬚番》（The Black-Bearded Barbarian）為書名，記錄馬偕的生平及來台灣宣教的背景和事蹟，對馬偕其人其事，提供了更具體的參考資料。〔註 42〕

賴永祥所編著的《教會史話》（五輯），可說是研究台灣教會史的入門書，他廣泛蒐集史料，詳加考證，不僅談論外國宣教師在台灣拓建的功績，也收集並考證本地傳道人及信徒的史料。〔註 43〕《台灣基督長老教會百年史》、《認識台灣基督長老教會》、《台灣基督長老教會法規》、《台灣基督長老教會歷史年譜》介紹台灣長老教會來台的歷程及其信仰與精神、組織與事工、普世教會關係以及神學、宣教與使命。

綜觀長老教會在台灣的宣教過程中，其對原住民的影響甚早，可上溯至十七世紀的荷蘭改革宗教會，十九世紀中期進入台灣的英國長老教會最先接觸的是平埔族群，一直到日本統治台灣，首先將福音傳入山地部落原住民社

〔註41〕 馬偕原著，麥唐納（J A Macdonald）編輯，林晚生譯，《福爾摩沙紀事：馬偕台灣回憶錄》（From Far Formosa）（台北：前衛出版社，2007）。本書另有不同的譯名：林耀南譯，《台灣遙寄》台灣叢書譯文本第五種（台北：台灣省文獻會編，1959）、周學普譯，《台灣六記》台灣研究叢刊第六十九種（台北：台灣銀行經濟研究室編，1960）另有直譯書名，林昌華編著，《來自遙遠的福爾摩沙》（台北：日創社文化事業有限公司，2006）。

〔註42〕 Marian Keith 著；蔡岱安譯；陳俊宏編，《黑鬚番》（The Black-Bearded Barbarian）台灣文史叢書 119（台北：前衛出版社，2003）「黑鬚番」（The Black-Bearded Barbarian）是台灣島民給加拿大宣教師偕叡理牧師（Rev George Leslie Mackay，1844～1901）的綽號，信徒們叫他偕牧師，後人往往稱他馬偕，再加牧師或博士的銜號。1912 年為紀念台灣設教 40 週年，加拿大長老教會海外宣道會（Foreign Mission Committee）出版《黑鬚番》（The Black-Bearded Barbarian）英文版，介紹馬偕的事蹟，也來鼓舞各界對海外宣教的關心。

〔註43〕 賴永祥，〈撰寫「教會史話」〉，《教會史話》，第一輯（台南：人光出版社，1995）序言頁。

群的人是井上伊之助，但這至少是在 1911 年以後的事了。然而學術論文中，大多將焦點放在基督教在原住民部落的宣教、原住民部落教會歷史研究，相反的，長老教會在平埔族群中的宣教歷史反而不多。以黃欣怡的〈隆田基督長老教會的成立與發展〉〔註44〕爲例，該文以南部隆田基督長老教會爲基礎，探究一間以平埔族爲主體的教會建立及其發展，作者根據台灣歷史分期，論述不同時期教會的發展，其中特別以神職人員的領導風格及信徒的信仰歷程作爲主要內容，然而該文卻對南部平埔族群的分布與發展及其改信基督教的歷程，著墨不多，這也使得本論文試圖強化在族群與信仰歷程的論題上。陳國誠的〈以九層嶺萬家爲例來探討台灣平埔基督教徒的身份認同〉〔註45〕，透過台灣早期平埔族群與基督教的接觸，探究基督教信仰對原住民族的社會生活及文化思想所造成的影響。文中透過地方教會的人物訪談，深切地討論到基督教會對平埔族群的自我認同及文化復振的密切關係。

二、關於巴宰族在埔里的開發及建立教會的研究

　　本文埔里盆地的開發與原居西部平原的平埔族群大遷徙關係密切，其中岸裡社巴宰族人在遷徙過程中扮演了非常重要的角色。從台灣平埔族群的發展——中部平埔族群在埔里盆地開發過程的角色及其歷史意義，學界成果甚豐，研究議題也富多樣性。〔註46〕

　　對平埔族群的分類，清代黃叔璥《台海史槎錄》中的〈番俗六考〉將原住民依當時的政治管轄分爲北路諸羅番一至十、南路鳳山番、傀儡番及瑯嶠十八社等十三種，其中於平埔族的部分，與今日的分類法有許多相合的地方。〔註47〕日治時代，最早對平埔族加以有系統的分類見於伊能嘉矩及粟野之丞的《台灣番人情事》，其後伊能嘉矩的《台灣番政志》再加以修正，〔註48〕李

〔註44〕黃欣怡，〈隆田基督長老教會的成立發展〉，（台南：國立成功大學歷史研究所碩士論文，2005）。

〔註45〕陳國誠，〈以九層嶺萬家爲例探討台灣平埔基督徒的身份認同〉（台南：台南神學院神學系碩士論文，2006）。

〔註46〕洪麗完，《熟番社會網絡與集體意識——台灣中部平埔族群歷史變遷（1700～1900）》（台北：聯經出版社，2009）。

〔註47〕詹素娟編著，《舊文獻・新發現：台灣住民歷史文獻解讀》（台北：國立編譯館，2007），頁 89～148。

〔註48〕李亦園，〈從文獻資料看台灣平埔族〉，《台灣土著民族的社會與文化》（台北：聯經出版社，1982），頁 51。

壬癸〈台灣平埔族的種類及其相互關係〉﹝註49﹞自從 1904 年伊能嘉矩以來，學者大多將原住民分爲九族或十族，各分類法也都有一些出入，其中噶瑪蘭、凱達格蘭、道卡斯、巴布拉、貓霧捒、洪雅、巴則海、西拉雅等族是各家所承認的。﹝註50﹞而李壬癸從語言學的角度出發，再輔以田野調查，探究族群分布與語言之間的關係，進而瞭解平埔族群的生活區域、遷移歷史及其族群間的互動情形，是研究平埔族群的重要參考資料。﹝註51﹞平埔族群在不同的時間及空間中，各族群間的互動關係及其勢力消長，也都成爲眾多研究論著探討的焦點。由潘英海及詹素娟主編的《平埔研究論文集》、《平埔族群的區域研究論文集》、《平埔族群與台灣歷史文化論文集》收錄多篇從不同面向去探討平埔族群的相關研究論著，企圖從中對台灣歷史文化的發展及其整體內涵，有更深入的認識，進而確立平埔族群在台灣歷史發展過程中的歷史意義。此外，認同、族群、文化是自 1987 年台灣解除戒嚴後的一項熱門主題，近年來更隨著台灣政治生態的轉變，學術界及民間社團的社會運動中，平埔族群的族群認同及自我認同的族群意識成爲重要課題。﹝註52﹞

　　台灣學界對於中部平埔族群的發展與研究可說是成果豐碩。首先，洪麗完的《台灣中部平埔族：沙轆社與岸裡大社之研究》以中部平埔族的沙轆社與岸裡大社爲主，重新檢視清代和日治時期所遺留下來史料文獻，分析中部地方土著部落間、土著與漢族間勢力消長的情形，書中並討論土著部落受外來文化影響的過程及現象。﹝註53﹞《熟番社會網絡與集體意識——台灣中部平埔族群歷史變遷（1700～1900）》平埔族進入埔里盆地的墾殖活動爲個案，說明十九世紀熟番集體意識的發展及展現方式，其中論述清朝統治初期至清末（1700～1900）二百年間的平埔族群歷史變遷。文中對於漢人大量移墾後，

﹝註49﹞ 李壬癸，〈台灣平埔族的種類及其相互關係〉，《台灣風物》（42：1）（台北：台灣風物出版社，1992），頁 223。

﹝註50﹞ 李壬癸，《台灣平埔族的歷史與互動》（台北：常民文化事業股分有限公司，1996），頁 38，56。

﹝註51﹞ 李壬癸與其日籍學者如小川尚義、土田滋、淺井惠倫及安倍明義皆發表多篇研究論文，探討語言與族群分布及其發展的關係。李壬癸，《台灣南島民族的族群與遷徙》（台北：常民文化事業股份有限公司，2003），頁 199～216。

﹝註52﹞ 謝繼昌，〈認同與文化：台灣原住民之研究〉，葉春榮主編，《歷史‧文化與族群——台灣原住民國際研討會論文集》（台北：順益博物館，2006），頁 297～305。

﹝註53﹞ 洪麗完，《台灣中部平埔族：沙轆社與岸裡大社之研究》，（台北：稻香出版社，1997），頁 462。

清朝的理番策略及漢番間的族群關係、平埔族集體遷徙埔里盆地的背景有詳盡的分析。〔註54〕此外，〈從十九世紀入埔遷徙活動看台灣中部平埔族熟番集體意識之展現〉〔註55〕、〈一個中部巴宰族聚落的形成與變遷——以大社村為例〉、〔註56〕〈大社聚落的形成與變遷（1715～1945）：兼論外來文化對岸裡大社的影響〉〔註57〕等論文都對中部平埔族群的發展有深入的研究和探討。

其次，施添福〈清代台灣岸裡地域的族群轉換〉，探討台灣中部巴宰族群中的岸裡社，在康熙五十五年（1716）至乾隆五十五年（1790）的七十餘年間，不斷擴大勢力範圍成為全台平埔族中少有的廣大生活領域的同時，其實際生活空間及物質生活水準並未隨著族群勢力的擴張而有所增進，反而讓出了大片的青山草埔給漢人耕種，族人反而輾轉遷徙，離開故土家園。因此他從區域開發的角度分析漢番之間勢力的消長，最主要原因乃在於岸裡社巴宰族人必須承擔各種公差及勞役，使得他們不得不到處奔波，以致於「欲耕不能，欲種不能」，只好招漢佃管耕。再加上乾隆初期，岸裡社族人招漢佃開墾、雍正初年起，與漢人間的三次「割地換水」，使漢人掌握更有利的條件，結果在區域內快速地擴張及發展。施添福認為巴宰族人若要求安居足食，只有遠離岸裡地域以擺脫各項公差勞役，這也成了嘉慶及道光年間，巴宰族人遠離故土進入埔里盆地的重要原因了。〔註58〕

另外，陳炎正〈岸裡社之崛起〉、〈台灣中部開發與岸裡社之關係〉、〈岸裡社之漢化與遷移〉〔註59〕，陳秋坤，〈平埔族岸裡社潘姓經營地主的崛起

〔註54〕洪麗完，《熟番社會網絡與集體意識——台灣中部平埔族群歷史變遷（1700～1900）》，（台北：聯經出版社，2009），頁11。
〔註55〕洪麗完，〈從十九世紀入埔遷徙活動看台灣中部平埔族熟番集體意識之展現〉，《新史學》17（2）（台北：新史學雜誌社，2006）。
〔註56〕洪麗完，〈一個中部拍宰族聚落的形成與變遷——以大社村為例〉，許雪姬主編，《台中縣建築發展（民宅篇）》（豐原：台中縣立文化中心，1993）。
〔註57〕洪麗完，〈大社聚落的形成與變遷（1715～1945）：兼論外來文化對岸裡大社的影響〉，《台灣史研究》，第3卷第1期（台北：中研院台灣史研究所籌備處，1996）。
〔註58〕施添福，〈清代台灣岸裡地區的族群轉換〉，《平埔研究論文集》（台北：中央研究院台史所籌備處，1995），頁301～332。
〔註59〕陳炎正，《台中縣岸裡社開發史》（豐原：台中縣立文化中心，1986）台中縣立文化中心編印的《台中縣大甲溪流域開發》，其中陳炎正的〈史前文化與先民文化〉、溫振華的〈漢人社會的建立〉，其中對平埔族群的分布及岸裡社群的發展，乃至於地方聚落的建立及其與漢番之間的互動關係，民間宗教文化的信仰都有詳細說。

（1699～1770)）〉以探究岸裡社占有地權的歷史過程爲主軸，對岸裡社的崛起及其在漢化過程中接受漢人私有地權觀念及番產漢佃的租佃關係作了非常詳盡的說明，從經濟角度出發，對巴宰族群的漢化內涵有更進一步的認識與理解。〔註60〕

　　對於埔里地區的開發研究，日治時代初期的伊能嘉矩及鳥居龍藏等人及台北帝國大學土俗人種學研究室及語言學研究室成員如移川子之藏、宮本延人、馬淵東一與淺井惠倫等人的調查與報導，以人類學觀點爲出發，透過田野調查，開啓埔里研究的先河，〔註61〕其後劉枝萬的《台灣埔里鄉土志稿》、《南投縣沿革志開發稿篇》可說是以埔里爲主題研究最完整的一部歷史著作。〔註62〕平埔族群大舉遷入埔里盆地的原因爲何，有許多不同的說法，從土地競爭到生存空間莫衷一是；〔註63〕另一方面，大批的平埔族群進入到埔里盆地，勢必對當地的原有生態及住民產生重大的影響，而進入埔里後，各族群的聚落形成及分布，乃至於漢番之間的互動關係，都成爲研究者探討的課題。張隆志《族群關係與鄉村台灣——一個清代台灣平埔族群史的重建和理解》，透過清代台灣族群史的個案研究來重新理解台灣社會史，並且試圖經由不同研究觀點及取向來重新發掘及詮釋歷史。張隆志以清代台灣中部平埔族群中的巴宰族作爲個案重建的例子，從中探討並比較研究台中開發史及埔里移民史中的巴宰族，進而探究台灣多族群社會觀及台灣本土歷史的發展。〔註64〕

　　鍾幼蘭〈平埔族群與埔里盆地——關於開發問題的探討〉〔註65〕、邱正

〔註60〕陳秋坤，〈平埔族岸裡社潘姓營地主的崛起（1699～1770)〉，《中央研究院近代史研究所集刊》第 20 期（台北：中央研究院近代史研究所，1991），頁 1～35。

〔註61〕葉育倫，〈水沙連的族群墾殖過程——以清代埔里爲例〉，《史報》第五期（台北：東吳大學歷史研究所，2009），頁 128～129。

〔註62〕邱正略，〈清代台灣中部平埔族遷移埔里拓墾之研究〉碩士論文，（台中：東海大學歷史研究所，1992），頁 5。

〔註63〕劉枝萬，《台灣埔里鄉土志稿》，卷一、卷二，1951 手稿。劉枝萬，《南投縣沿革志開發稿篇》，南投文獻叢輯 6（南投：南投文獻委員會，1978）。

〔註64〕張隆志，《族群關係與鄉村台灣——一個清代台灣平埔族群史的重建和理解》國立台灣大學文史叢刊 87，（台北：國立台灣大學出版委員會，1991），頁 1～91。

〔註65〕鍾幼蘭，〈平埔族群與埔里盆地——關於開發問題的探討〉，劉益昌、潘英海主編《平埔族群的區域研究》（南投：台灣省文獻委員會，1998）。

略的〈清代台灣中部平埔族遷移埔里拓墾之研究〉〔註66〕及溫振華〈清代中部平埔族遷移埔里分析〉〔註67〕、鄧相揚〈埔里盆地平埔族群語言消失的原因——兼論台灣南島語的保存問題〉〔註68〕、謝繼昌〈從埔番的式微來看台灣漢人的移民模式〉〔註69〕等，對西部平埔族群遷移埔里後的土地拓墾、原有埔社、眉社，漢番等族群互動關係及其文化信仰上的變遷都有深入的討論。此外，由於平埔族群漢化已久，他們從漢人學來的土地文書契約，在日後研究埔里地區土地拓墾的分配及聚落分布的情形，乃至於探討埔里各族群的互動關係，相關古文書是重要且基礎的史料。〔註70〕

平埔族群遷入埔里盆地後，其聚落的形成與分布也成為討論的課題。簡史朗〈西部平埔族群入墾埔里時之聚落形成〉〔註71〕，透過古文書瞭解平埔族入墾時「鬮分土地的方式」與「聚落的形成」有密初的關係，而其聚落多呈現「血緣」與「地緣」屬性的族群性格。

衛惠林《埔里巴宰七社志》〔註72〕是關於巴宰族民族誌中最詳實且深入的田野調查記錄，其中將巴宰族七個社群的聚落分布劃為烏牛欄社區聚落群和眉溪四庄聚落群，並探討巴宰族在埔里開發過程中七社的地位，特別是傳統宗教在基督教信仰傳入後，對其文化與信仰上的影響，而愛蘭台地上的烏牛欄社也成為埔里基督教信仰的發源地。

〔註66〕 邱正略，〈清代台灣中部平埔族遷移埔里拓墾之研究〉，（台中：東海大學歷史研究所碩士論文，1992）。

〔註67〕 溫振華，〈台灣清代中部平埔族遷移埔里分析〉第四屆台灣歷史與文化研討會論文（台中：東海大學通識教育中心，2000）。

〔註68〕 鄧相揚，〈埔里盆地平埔族群語言消失的原因——兼論台灣南島語的保存問題〉，李壬癸、林英津編《台灣南島民族母語研究論文集》（台北：教育部教育研究委員會，1995）。

〔註69〕 謝繼昌，〈從埔番的式微來看台灣漢人的移民模式〉，《中央研究院三民所叢刊8》（台北：中央研究院三民所，1982）中央研究院三民所叢刊8。

〔註70〕 簡史朗編，《水沙連眉社古文書研究專輯》（南投：南投縣政府，2005）簡史朗、曾品滄主編《水沙連埔社古文書選輯》（台北：國史館，1958）鄧相揚，〈平埔族古文書溯源〉，《台灣史研究暨史蹟維護研討會論文集》（台南：國立成功大學歷史系，1990）邱正略，〈古文書與地方史研究——以埔里地區為例〉，《台灣古文書與歷史研究學術研討會論文集》（台中：逢甲大學，2007）。

〔註71〕 簡史朗，〈西部平埔族群入墾埔里時之聚落形成〉，2008年水沙連區域研究學術研討會劉枝萬先生與水沙連區域研究（南投：國立暨南國際大學人類學研究所，2008）頁，1。

〔註72〕 衛惠林，《埔里巴宰七社志》中央研究院民族學研究所專刊27（台北：中央研究院民族學研究所，1981）。

　　洪秀桂的〈南投巴宰海族人的宗教信仰〉〔註 73〕探討埔里地區巴宰族人在接受基督信仰後，不僅失去了漢化以後的傳統民間信仰，原有的文化與宗教信仰也漸式微，然而基督信仰在巴宰海族人中也並非堅定不移，而這也考驗著愛蘭教會的發展空間，洪秀桂的文章也說明了長老教會在平埔族社群中發展的困境。徐大智〈戰後台灣平埔族研究與族群文化復振運動——以噶瑪蘭族、巴宰族、西拉雅族為中心〉〔註 74〕、姚嘉音〈從歷史足跡看巴宰族岸裡社之宗教變遷：以埔里愛蘭地區的基督教化為例〉〔註 75〕，探討並研究巴宰族宗教信仰的變遷，及族群改信基督宗教後，教會組織對於弱勢族群的關懷，母語、音樂、歌謠文化的復振及族群認同運動都扮演著重要且關鍵的角色。

　　李壬癸與林清財〈巴則海族的祭歌曲及其他歌謠〉一文中，根據田野的訪查，在埔里鎮愛蘭及眉溪四庄分別採集到 Pazeh 和 Kahabu 的二種語言，透過地方耆老以有限的記憶唱出傳統巴則海族人的歌謠，在基督教傳入埔里巴宰族社群後，教會聖詩的旋律幾乎是以巴宰族傳統曲調來入譜。〔註 76〕溫秋菊〈試探 Pazeh 音樂文化的綜攝——以一首台語聖詩為例〉透過台語聖詩的曲調探源，論述 Pazeh 的宗教變遷及其與平埔各族音樂文化交流的關係，其中巴宰族人祭祖歌謠 ai-yan，在族人改信基督教信仰後，更成為族群文化認同的一項符碼。〔註 77〕

第三節　研究方法

　　本論文主要探討英國長老教會來台宣教歷程中，對中部平埔族群基督教信仰的發展及其影響，並以埔里愛蘭教會的建立與發展，論述基督教會在平埔族群巴宰族中扮演的角色及其影響。

〔註73〕洪秀桂，〈南投巴宰海人的宗教信仰〉，《台大文史哲學報》第 22 期（台北：台灣大學，1973）。

〔註74〕徐大智，〈戰後台灣平埔族研究與族群文化復振運動——以噶瑪蘭族、巴宰族、西拉雅族為中心〉（桃園：國立中央大學歷史研究所碩士論文，2004）。

〔註75〕姚嘉音，〈從歷史足跡看巴宰族岸裡之宗教變遷——以埔里愛蘭地區的基督教化為例〉（台北：國立政治大學宗教研究所碩士論文，2007）。

〔註76〕李壬癸、林清財，〈巴則海族的祭祖歌曲及其他歌謠〉，《中央研究院民族學究所資料彙編》第三期（台北：中央研究院，1990），頁 1～16。

〔註77〕溫秋菊，〈試探 Pazeh 音樂文化的綜攝——以一首台語聖詩為例〉，《藝術評論》第十期（台北：台北藝術大學，1999），頁 26～28。

一、研究方法

　　對於早期宣教士來台傳教的情形，除收集並分析史料及文獻外，〔註78〕也採取實地訪查的田野調查方法，以補足文獻資料的殘缺部分。對於宣教師與當時本地信徒建立的教堂（教會）都是田野調查及實際探訪最直接的材料。愛蘭教會位於愛蘭台地上，從建築物本身的歷史沿革到教會中人物的口述歷史，長老執事、傳道牧師，愛蘭台地的平埔族群及教會的信徒，其所提供的資料，也都是本文的重要參考。

（一）資料的蒐集與運用

　　由台灣基督長教會總會出版的《台灣基督長老教會百年史》〔註79〕是台灣基督長老教會為慶祝設教一百週年而編輯的教會歷史，分別論述長老教會進入台灣百年來的發展過程及其變遷，其中提供了許多的宣教史料。其次《臺灣基督長老教會歷史年譜》〔註80〕由黃武東、徐謙信兩位牧師根據英國長老教會之機關刊物《使信月刊》（The Presbyterian Messenger）及甘為霖牧師所編之〈台南教士會議事錄〉〔註81〕（Handbook of the English Presbyterian Mission in Formosa）編纂而成；另外 1935 年出刊的《南部台灣基督長老教會設教七十週年紀念寫眞冊》則是南部教會首次發行的紀念冊，〔註82〕成為研究南部早期教會史不可或缺的一手資料。

　　由英國長老教會宣教士巴克禮（Thomas Barclay，1849～1935）牧師發行

〔註78〕簡史朗編，《水沙連眉社古文書研究專輯》（南投：南投縣政府，2005）簡史朗、曾品滄主編《水連埔社古文書選輯》（台北：國史館，1958）鄧相揚，〈平埔族古文書溯源〉，《台灣史研究暨史蹟維護研討會論文集》（台南：國立成功大學歷史系，1990）邱正略，〈古文書與地方史研究──以埔里地區為例〉，《台灣古文書與歷史研究學術研討會論文集》（台中：逢甲大學，2007）。

〔註79〕台灣基督長老教會總會歷史委員會編，《台灣基督長老教會百年史》（台南：台灣教會公報社，1965）。

〔註80〕黃武東、徐謙信合編，賴永祥增訂，《台灣基督長老教會歷史年譜》（台南：人光出版社，1995）。

〔註81〕1877 年 1 月 10 日，英國長老教會在台的宣教師相聚成立了「台南教士會」（Tainan Mission Council），是宣道團的合議機構，掌管本地傳道者的養成、任免及派遣；宣道用地禮拜堂、學校、醫院之取得及宣教策略的釐定、施行及其他種種，可謂無所不管。1910 年 5 月甘為霖牧師將這教士會的第 1 次至第 788（1910126）的會議紀錄的要點編成一本手冊。

〔註82〕日治時期出版的《南部台灣基督長老教會設教七十週年紀念寫眞冊》載有所屬各教會、病院、學校及公報社的沿革、現況、相片等（許多古早教會的相片，只在此書才可看到）卷末有當時在任的宣教師及本地信徒、名人的相片。

的《台灣府城教會報》(《台灣教會公報》前身) 創刊於 1885 年,歷經清代迄今仍持續發刊,爲全台最早發行且發刊最久的報紙。《教會報》創刊時採長老教會內部通用已久的廈門音羅馬字(白話字),〔註 83〕記錄著清末以來長老教會在台灣的發展歷程,兼具有消息傳遞及日常信仰教育的功能,除保留長老教會歷史和白話字的內容外,也是研究教會歷史及台灣社會史極具珍貴的史料。〔註 84〕

至於地方教會可以運用的資料雖然有限,但都彌足珍貴。首先,教會信徒名冊簿即《成人小兒姓名簿》,其中詳載信徒的領洗時間,受堅信禮,施洗的接納牧師,信徒的遷徙及其戶籍住址所在,都詳列於表冊中。特別的是愛蘭台地多是平埔族群中的巴宰族,因此在名冊中會註明「番」,以識別其身分。另外,教會信徒團體會議記錄,其中歷年的〈大會會員手冊〉,可從教勢報告的內容中,瞭解教會的信徒增減,教會組織聚會的情形及財務作狀況等,凡此均可進一步認識信徒成員遷徙流動的情況、增長及消退。

其次,黃茂卿編著《台灣基督長老教會太平境馬雅各紀念教會九十年史(1865～1955)》〔註 85〕、《台灣基督長老教會大社教會設教一百二十年史》(豐原:大社教會,1991)《台灣基督長老教會愛蘭教會設教百週年紀念冊》(南投:愛蘭教會,1971)、《台灣基督長老教會鯉魚潭(內社)教會設教一百三十週年紀念特刊》(苗栗:鯉魚潭教會,2002)及〈台灣基督長老教會愛蘭教會週報〉都是瞭解教會發展脈絡的重要材料。

(二) 田野調查

在進行論文構思時,田野調查是首先浮上腦海的史料探索方法,因此本文訪問了牧師、長老及執事,希望能透過他們的口述回顧,從中建構教會設立及其發展變遷的歷史脈絡,以便拼湊出百年來宣教師及教會的歷史。若以

〔註 83〕巴克禮牧師是最爲熱心推動白話字者,爲使教會往下紮根並健全發展,需要培育本地的傳教人才,「白話字」的推行對台灣教會前途影響頗大,巴牧師認爲荷蘭在台宣教失敗之因之一,乃未將聖經譯成本地語言,以致無人能看懂聖經。故巴牧師堅持,聖經不能憑講道者隨意改寫,信徒必需自己瞭解聖經。所以巴牧師晚年即改譯新舊約白話字聖經,不僅對台灣教會史有極大貢獻,也偶然地改變往後台灣語言文字的書寫形式。

〔註 84〕張妙娟,《開啓心眼——《台灣府城教會報》與長老教會的基督徒教育》(台南:人光出版社,2005),頁 5～6。

〔註 85〕黃茂卿,《台灣基督長老教會太平境馬雅各紀念教會九十年史(1865～1955)》(台南:台灣基督長老教會太平境馬雅各紀念教會,1988)。

中部爲範圍，大社教會爲台灣南部基督長老教會在台灣中部設立的第一個教會，也是英國宣教師在台設立的第二宣教中心。1871 年年底大社又在內社分設教堂（今苗栗鯉魚潭教會），隨後烏牛欄、大湳、牛眠山等附近的巴宰族的教會也陸續建立。此外，若要探究台灣基督長老教會在台灣發展的源頭，台南府城的看西街長老教會、太平境長老教會及高雄的旗後長老教會都有馬雅各醫師早先醫療宣教的腳踪。台南白河的白水溪教會及岩前教會則記錄了甘爲霖牧師宣教過程中所遭遇的危難。台南的東門巴克禮紀念教會，傳誦著巴克禮爲台灣的教育事工的恩典，對台灣的現代化做出了卓越的貢獻。作者希望能夠透過這些教會的牧師及長執的歷史回顧，及地方信眾、耆老的追憶，以補足探究地方教會歷史時所缺乏的資料。

二、研究流程

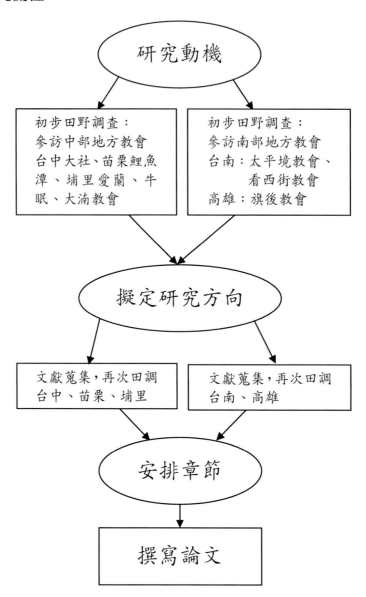

研究動機

初步田野調查：
參訪中部地方教會
台中大社、苗栗鯉魚
潭、埔里愛蘭、牛
眠、大湳教會

初步田野調查：
參訪南部地方教會
台南：太平境教會、
　　　看西街教會
高雄：旗後教會

擬定研究方向

文獻蒐集，再次田調
台中、苗栗、埔里

文獻蒐集，再次田調
台南、高雄

安排章節

撰寫論文

三、章節安排

全文共分六章，第一章緒論，包括了研究動機與目的、研究回顧及研究方法。第二章探討台灣中部平埔族的拓墾與遷移，首先透過學者的研究成果及史料，概述台灣平埔原住民族的群落與分布，特別是埔里巴宰族群聚落的形成與發展、巴宰族岸裡社的歸化與賜姓及岸裡社的土地開發與漢化。其次

介紹埔里盆地的地理自然景觀、人文社會風貌及行政建置與發展，作爲瞭解中部巴宰族群進入埔里發展的地理背景。此外本章也對中部平埔族群遷徙入墾與埔里開發之間的關係作了進一步的剖析，其中巴宰族群扮演了重要的角色。在本章節最後，對基督教進入埔里愛蘭台地的背景先作初步的介紹。大社教會（今日台中神岡）是巴宰族人爲主體的平埔族教會，在基督教福音進入中部地區後建立，成爲中部第一間基督教禮拜堂。1871 年英國宣教士在愛蘭建立了基督教的禮拜堂，成爲埔里基督教福音的發源地。隨著長老教會的醫療宣教將基督教帶進入埔里盆地，改變了當地巴宰族人的傳統文化及信仰，本章將以基督教信仰在愛蘭巴宰部落發展的歷史，說明當地漢番不同族群的文化生活變遷。

　　第三章要探討長老教會的宣教師在中部平埔聚落宣教情形。首先探究英國基督長老教會來台宣教的背景及其在台灣的發展，並說明長老教會的歷史淵源，而長老教會在台灣宣教的不同時期，其宣教的對象和區域、宣教的方法與統治者的互動關係爲何都有深入的探討分析。基督教的宣教師於 1865 年進入台灣平地漢人社會及山地部落宣教，他們在宣揚基督福音的同時留下了深刻的足跡，〔註 86〕但透過何種管道使平埔族接受福音而成爲上帝子民，成爲本章的探討重點。其次介紹巴宰族人從原有的傳統祖靈信仰及生活習俗到接觸漢人民間信仰，後來與基督信仰接觸後的演變歷程。烏牛欄禮拜堂是埔里巴宰族人的文教中心。將基督教信仰傳入埔里的關鍵人物是潘開山武干，而引導基督教宣教師進入平埔聚落的重要人物則是英商必麒麟（W. A. Pickering）。潘開山武干因上山打獵受傷，前往府城治療，透過馬雅各醫師的醫療宣教，將基督福音帶進了愛蘭，成爲基督教傳入埔里的濫觴，也因此改變了埔里愛蘭巴宰族群的信仰，更止住巴宰族群的漢化的腳步，改變了愛蘭（烏牛欄）命運，本章對巴宰族群願意放棄原有的信仰而去改信「洋教」的背景將從多方面的角度來探究。此外，對於烏牛欄教會的宣教師與信徒加入的情況及其與非信徒間的消長、歷任牧師之重要影響與發展也將有一併討論。

〔註86〕英國長老教會在南台灣及加拿大長老教會在北台灣宣教的同時，外國宣教師除南部馬雅各、甘爲霖，北部偕叡理外，在 1890 年來台醫療宣教，在中部設立大社醫館的盧嘉敏醫生（Dr Gavin Russel），與隨後在中部地區傳教的蘭大衛醫師（Dr David Landsborough）夫婦，梅監霧牧師（Rev C N Moody）及廉威烈牧師（Rev A B Nielson）等人在中部行醫宣教行蹟與影響，都是值得去探究的。

　　第四章及第五章是以愛蘭教會的歷史變遷及現階段發展所面臨的困境作為探討重心。第四章探究愛蘭教會的組織發展及架構、宗教活動及社區宣教等議題，對於教會在地方的教育文化、醫療發展的關係及互動情形，也將一併加以論述。第五章，社會變遷中的愛蘭教會，從不同的面向去探究愛蘭教會在埔里地區所扮演的角色，從社群互動的關係與發展，說明傳統民間信仰與基督教在愛蘭台地上的互動情形。另外，對於近年來平埔族群的文化復振運動，教會組織也都扮演重要的角色。1965 年是台灣教會值得紀念的時代，也是台灣社會的一個重要轉變期，政府極力地推行工業化，連帶影響的是社會結構的變遷。〔註 87〕本章在末尾試圖以此為脈絡，探討愛蘭教會在發展過程的變遷及展望，諸如基督信仰與民間宗教信仰在這塊台地上所產生的教勢消長，現代化社會結構的變遷為愛蘭台地的群族信仰帶來的衝擊，本文最後希望透過文獻探討及實地訪查，為地方教會的發展方向找到更明確的答案。第六章總結前述各章的研究成果。

〔註87〕台灣基督長老教會總會，《認識台灣基督長老教會》，（台北：使徒出版社，2008），頁 21。

第二章 埔里早期拓墾與巴宰族群的互動關係

第一節 埔里的地理景觀

　　在清代文獻記載中，埔里盆地被涵括在「水沙連」〔註1〕的地域中。最早有關「水沙連」的文獻記載是康熙二十三年（1684）首任諸羅知縣季麒光的〈台灣雜記〉：

> 水沙連，在半線東山中……天將雨，潭中發響，水即混濁溢出。潭外番人，以此驗陰晴。〔註2〕

　　當時「水沙連」被劃定為台灣中部的界外番地，而據鍾幼蘭研究指出，不同時期的文獻中所稱「水沙連」，其範圍隨著漢人的開發，認知也不盡相同。道光二十一年（1841）台灣道熊一本在〈條覆籌番社議〉中記載：

〔註1〕 「水沙連」一名依據伊能嘉矩在《台灣文化志》中的解釋是分布於彰化地區山邊的平埔番 Arikun，對該地區內山的生番稱 Tualihen 或 Soalian，漢音譯為「沙連」，該地因有日月潭之湖水，且為水社所在而加添「水」字而稱之。廣義的水沙連包括沙連堡的濁水溪流域，五城堡、埔里社堡的廣大番境，即竹山鎮的一部分，及鹿谷、名間、水里、信義、魚池、國姓、仁愛鄉及集集、埔里鎮。狹義的水沙連則特指五城堡及埔里社堡等清代漢人勢力以外的區域，即今日的魚池鄉及埔里鎮。鄧相揚，〈埔里盆地平埔族言消失的原因──兼論台灣南島語的保存問題〉，《台灣南島民族母語研究論文集》（台北：教育部教育研究委員會，1995），頁 258～260。

〔註2〕 季麒光，〈台灣雜記〉，《台灣輿地彙鈔》（台灣文獻叢刊第 216 種，台灣銀行經濟研室，1963），頁 1。

彰化縣東南六十里，林杞埔起，二十五里集集埔，入山爲水沙連，
北路山口，南至鸞社、牡丹，東至萬霧、斗截社，北至眉社、水眉
社，西至山外爲界，南北直長一百二四十里，東西橫長約六七十里，
爲水沙全境。〔註3〕

道光二十七年（1847）閩浙總督劉韻珂在〈奏勘番地疏〉中也寫道：「查
水沙連地内係屬總名，而……在彰化之東南隅，南以集集鋪爲入山之始，南
投係其門欄，北以内木柵爲番界之終，北投係其鎖鑰。」〔註4〕從清代的文獻
記錄上判斷，清代漢人對「埔里盆地」的認識與開發應是由南而北。〔註5〕

埔里位處台灣地理中心，爲一山巒疊翠的盆地，是台灣中央地帶分布的
數十座盆地中面積最大者，其東面與東北面爲仁愛鄉，南面緊臨魚池鄉，西
面與西北面爲國姓鄉。埔里盆地昔日原爲湖泊，後經眉溪（萬霧溪）與南港
溪（南烘溪）長年切割及泥沙淤積而形成一陷落盆地，林朝棨在《南投縣地
理志地形篇稿》中寫道：

> 埔里盆地群分布於埔里陷落區之底面，位於台灣本島之中心部，而
> 在北港溪與濁水溪中游流路之間，埔里盆地位於本盆地群之最北
> 端，面臨北港溪。在中部盆地群中面積亦最大。〔註6〕

現今埔里的行政區域大致與埔里盆地相符合。（附錄）埔里盆地因位於台
灣全島之中心，所以被稱爲台灣的心臟地區，連雅堂在其《台灣通史・疆域
志》中有如此的描述：「其地僻内山居全台之中，形勢險阻，危崖深谷。」〔註
7〕由此不難理解，相對於西部平原拓墾的氾濫，埔里盆地當時在漢人眼中，
可說是一待開發的世外桃源。

一、自然環境

埔里盆地位於台灣全島的軸心地帶，自海拔四百公尺到二千公尺之間，

〔註3〕 熊一本，〈條覆籌番社議〉，《治台必告錄》，卷三（台灣文獻叢刊第17種，台
灣銀行經濟研究室，1959），頁236。

〔註4〕 劉韻珂，〈奏開番地疏〉，《治台必告錄》，卷三，台灣省文獻叢刊第17種（台
北：台灣銀行經濟研究室，1959），頁207。

〔註5〕 鍾幼蘭，〈平埔族群與埔里盆地——關於開發問題的探討〉，《平埔族群的區域
研究》（南投：台灣省文獻會，1996），頁102～103。

〔註6〕 林朝棨，〈南投縣地理志地形篇稿〉，《南投文獻叢輯12》（南投：南投縣文獻
委員會，1964），頁33。

〔註7〕 連橫，《台灣通史・疆域志》，卷五（台北：商務印書館，2010），頁14。

垂直高度屬於多層位，周遭高山為其屏障，冬季無嚴冬夏季無酷暑，且無強風之害。由於氣候溫和四季溫差不大，雖濕度高但對住居農作及林木產條件皆甚適宜，其動植物群落包括熱帶到溫帶雨林區的生物種屬，人群居處與活動地區多在次熱帶雨林區內，這種種類繁多且適宜動植物繁殖的自然生態環境，提供了各族群從採集、狩獵、漁撈，到農耕所應有的生存條件。〔註8〕

二、水系

　　埔里盆地內有二大水系，一是眉溪，一是南港溪。眉溪位於烏溪上游發源於南投縣仁愛鄉之東北合歡山，眉溪起源於仁愛鄉之東北合歡山，自東向西流貫埔里盆地北部，在埔里鎮與南港溪匯合，流長33.6公里，流域面積192.9平方公里，河床坡度80分之一。眉溪由關刀山、觀音瀑布附近沿著埔霧公路蜿蜒曲折而下，流經眉溪四庄（牛眠、守城、大湳、蜈蚣崙），並流過埔里四座橋—守城橋、大湳橋、牛眠橋以及中正橋，最後與南港溪合流，匯入烏溪，流往台中大肚溪出海。

　　南港溪源於魚池鄉東北境山區，自東南向西北流貫盆地南部，兩條溪水在水尾附近匯合，成為烏溪（下游稱大肚溪）的支流，形成北邊的眉溪沖積扇與南邊的南港溪沖積扇。整個埔里盆地屬於大肚溪流域，兩大溪流皆為大肚溪的支流，而成為埔里盆地的灌溉水源。〔註9〕早年埔里就是以此溪為界，分隔南北，南邊是布農族所據的埔社，北邊則為泰雅族所據的眉社，當時眉社泰雅族即以其社名來稱喚該分界的溪流，因而有眉溪之名流傳至今。

三、烏牛欄（aoran）台地

　　埔里盆地地勢由東北向西南傾斜，盆地北界的眉溪其水流自東北向西南流，盆地南邊的南港溪，其水源出自日月潭，自南向北流入盆地，在水尾附近與眉溪合流而成南港溪，兩溪會合後出盆地之西口，再匯為烏溪之南源，而眉溪與南港溪之間切割而成的高地即為烏牛欄（aoran）台地，〔註10〕成為埔里盆地高埠瞭望台。〔註11〕

〔註8〕　衛惠林，《埔里巴宰七社志》（台北：中研院民族研究所，1981），頁7～8。
〔註9〕　富田芳郎，〈台灣中部埔里盆地群之地形發達史〉，《南投文獻叢輯4》（南投：南投縣文獻委員會，1956），頁137～148。
〔註10〕　同上，頁16。
〔註11〕　同上，頁7～8。

圖 2-1：埔里愛蘭台地　　　攝於 2011.9.20

「烏牛欄台地」〔註 12〕為埔里盆地入口處一塊由礫土層所形成的平坦台地，因巴宰族烏牛欄社聚居於此而得名，現稱為「愛蘭台地」（圖 2-1）。烏牛欄台地距離埔里街區西方約 1.6 公里處，舊屬烏牛欄一帶，其地下含有豐富的泉脈。台地地形狹長，長約 5 公里，南北最寬處 2 公里，最窄處僅 250 公里，面積約 2.5 平方公里，由於位居埔里盆地的西方、眉溪及南港溪沖積扇之間，在埔里盆地中有如船形小島，地勢高爽，對內可以瞭望埔里全境，對外可以守望台中平原與水沙連區的動態，區位相當完整。目前以鐵山路為界，東南部分屬於愛蘭里，西北則為鐵山里兩個行政區（附錄一）。〔註 13〕

〔註 12〕東指的船首座落著和先民生活息息相關的醒靈寺和「大瑪璘史前文化遺址」，西側的鐵山里一帶則為「船尾」。船首向東，守候在盆地入口，其地形就像一艘船航行在埔里盆地，公路上遠觀，形似一艘待發的大船，因此，當地人也叫它「船山」，埔里人稱「大船入港」，意思是「有入無出，住到埔里的人，一定富有」。清道光三年以後，來自台中豐原、東勢一帶的平埔巴宰族遷入，沿著大甲溪與北港溪支流，由新社、國姓，來到埔里，群聚於愛蘭台地的中段定居，並且以他們豐原原鄉的平埔語地名──Aorahg 來命名，那就是清史所稱的「烏牛欄社」。幾乎在同一時間也有來自東勢的族人找到台地的東邊建立 Patakan（大瑪璘社）；還有來自潭子的族人在東北邊建立 Lalusai（阿里史社），在此建立「烏牛欄社群」。這三個社包括烏牛欄、大馬璘及阿里史三社群，其社名全是沿用原居地的地名來取的，「烏牛欄三社」也成為「烏牛欄台地」上的巴宰子民開創新家園。資料來源：財團法人新故鄉文教基金會網站引林琮盛，〈船山記事〉（展顏文化事業工坊，1999）。
http://wwwhomelandorgtw/foundation/htm/new/new/r1htm，2011/12/14。

〔註 13〕衛惠林，《埔里巴宰七社志》（台北：中研院民族研究所，1981），頁 6～7。

第二節　入埔前的巴宰族

　　根據洪麗完的研究，今日有關台灣平埔族記載首推十七世紀荷蘭統治台灣時期所留下的資料，在現存最早有關台灣平埔族的記錄〈荷蘭戶口表〉中記載早期平埔族群共可分八族，其分布情形列表如下（表2-1）：

表2-1：十七世紀平埔族群分佈情形表〔註14〕

族　別	分　佈　區
西拉雅族（Siraya）	今之嘉南、屏東平原
洪雅族（Hoanya）	今台中盆地霧峰以南至嘉南平原新營以北
巴布薩族（Babuza）	今台中市以南至西螺以北之近海平原地帶
拍宰族（Pazeh）	今豐原至東勢一帶之平地及山麓地區
拍瀑拉族（Papora）	今大肚丘陵以西至海岸一帶
道卡斯族（Taokas）	今大甲以北至新竹市一帶之海岸地區
凱達格蘭族（Ketagalan）	今桃園、台北及基隆一帶
噶瑪蘭族（Kavalan）	今之宜蘭平原

資料來源：洪麗完，《台灣中部平埔族：沙轆社與岸裡大社之研究》（台北：稻香出版社，1997），頁47。參考中村志孝，〈蘭人時代の蕃社戶口表〉，《南方土俗》，第1卷第1期，1931），頁42～59。第4卷第3期，1936），頁182～196。

　　由表中可以看出中部平埔族群主要包括道卡斯族（Taokas）、拍宰海族（Pazzehe）、拍瀑拉族（Vupuran）、洪雅（Hoanya）、巴布薩族（Poavosa），而其中的拍宰海族（Pazzehe），即日後一般所稱的巴宰族（Pazeh）。〔註15〕我們依其所分佈的情形發現，平埔族群多是分佈在平原及丘陵地帶，而在這些族群進入中部地方以前，原是有比其更早到的原住族群，受其勢力的壓迫，退居山中，成為高山族。在探討巴宰族群發展的同時，對台灣平埔族進行初步的認識及探討是必要的，如此將有助於了解巴宰族群在中部平埔族群的發展過程中所扮演的角色及其地位。

〔註14〕洪麗完，《台灣中部平埔族：沙轆社與岸裡大社之研究》（台北：稻香出版社，1997），頁46～47。

〔註15〕日本時代初期，伊能嘉矩首次提出「pazzehe」（譯為巴宰海、巴則海等）這個稱呼，從此成為學者對本族的稱謂。1980後，衛惠林教授到埔里調查，將本族的族名拼音改成「pazeh」，也因為他的調查報告《埔里巴宰七社志》，「巴宰」之名乃在學界廣為流傳。

一、台灣平埔族的意義

　　台灣的原住民族屬於南島民族（Austronesian），族系多元而繁雜，然而台灣的原住民本來並沒有整個族群的觀念，而是以社或社群為單位，群族分類通常是學者或統治者所給予。〔註16〕早在漢人來到臺灣拓墾、定居之前，這群長久以來就居住在臺灣的原住民，由於和漢人的語言、文化都不相同，因此在早期的臺灣歷史文獻中常被稱為「番」，荷蘭統治台灣時所記錄的村社也開始以「番社」來指稱或記錄。〔註17〕清朝統治台灣的初期，以漢人的立場及對原住民的認知，初分為「野番」與「土番」，後又依其漢化的程度與是否歸附納餉而區分為「生番」和「熟番」。〔註18〕郁永河的《裨海紀遊》對原住民有了初步的區分：

> 番有土番、野番之別，野番在深山中，……巢居穴處，血飲毛茹，
> 恃其獷悍，時而剽掠，焚廬殺人，……不知向化，禽獸耳……〔註19〕

又曰：

> 平地八社，輸賦應徭，……茄洛堂、浪喬、卑馬南三社在山中，惟
> 輸賦不應徭，……另山中野番，皆無社名。……蛤仔難等三十六社，
> 雖非野番，不輸貢賦……〔註20〕

　　周鍾瑄的《諸羅縣志》也明確地指出：「內附輸餉者曰熟番，未服教化者曰生番或野番」。〔註21〕

　　若依其居住分布的區域來看，居於平地的土著稱為「平埔番」，即現今指稱的平埔族群；居於山地的土著為「山番」，即高山族群，此外尚有居於山地，但早已歸化的稱為「化番」，如水沙連的邵族。

　　日治時期，使用「高山番」及「平埔番」作為政治上的分類。但由於其

〔註16〕劉益昌，〈再談台灣北、東部地區的族群分布〉，劉益昌、潘英海主編《平埔族群的區域研究論文集》（南投：台灣省文獻委員會，1998）頁，20。

〔註17〕梁志輝、鍾幼蘭，《台灣住民族史──平埔族史篇（中）》（南投：台灣省文獻會，2001），頁1。

〔註18〕學者周婉窈認為清朝官方對台灣原住民的基本分法是「生番」與「熟番」及「化番」。而其分類的依據是「漢化」與「歸附納餉」之有無為判定標準，有者為「熟番」，反之則為「生番」，介於兩者間的稱之為「化番」。周婉窈，《台灣歷史圖說（史前至1945年）》（台北：聯經出版社，1998），頁24。

〔註19〕郁永河，《裨海紀遊》（台北：台灣銀行經濟研究室，1950），頁20。

〔註20〕潘英，《台灣平埔族史》（台北：南天出版社，1996），頁234。

〔註21〕周鍾瑄，《諸羅縣志》第二冊（台北：台灣銀行經濟研究室，1962），頁251～253。

分類的標準並非來自於血緣及民族識別等科學依據，〔註22〕於是日本學者透過學術性的研究，對台灣原住民進行「族」別分類的工作，研究學者以科學性的分類資料將原住民族群的眾多社群歸納區分成不同的族群。人類學者李亦園認為「平埔族」是台灣土著族的一支，一般研究台灣土著民族者皆重於「高山族」而忽略了「平埔族」，實則平埔族與台灣其他的土著族群乃屬同一系統，非為別異族的族系。〔註23〕由於平埔族群多居於西部海岸平地，與後到的漢人移民互動頻繁，因此可說是土著民族中漢化最深的族群；十七世紀歐洲荷蘭人與西班牙人來台，首次接觸到的也是西部的平埔族群。正因為平埔族群與外界一直保持接觸，他們也最先受到西化及漢化的影響，其傳統文化也就首當其衝最先消失，語言幾成死語。〔註24〕

二、台灣平埔族群的分類與分佈

　　有關平埔族的分類，在日治時期以前均缺乏有系統之分類。荷蘭時期僅記錄了先住民的社名，並依其分布的地區劃分成幾個區域群。清代文獻中對台灣原住民初步分類者，以黃叔璥的《台海使槎錄》中的〈番俗六考〉卷為最早。〔註25〕詹素娟認為黃叔璥的〈番俗六考〉首度將地理空間帶入了原住民村社的劃分，從行政區域的角度考量，以縣為區分單位將台灣原住民依當時的政治統轄區分為諸羅番及鳳山番兩大類（北路諸羅十種及南路諸羅番三種），與過去的居住位置及歸化程度為區分標準，有明顯的不同（表2-2）。黃叔璥在〈番俗六考〉中並未以「生番」（高山族），「熟番」（平埔族）為區分原則，而以原住民為記錄的對象，顯見清政府當時對原住民的認知程度。〔註26〕

〔註22〕梁志輝、鍾幼蘭，《台灣原住民族史——平埔族史篇（中）》（南投：台灣省文獻委員會，2001），頁1。

〔註23〕李亦園，〈從文獻資料看台灣平埔族〉，《台灣土著民族的社會與文化》（台北：聯經出版，1982），頁49～51。

〔註24〕李壬癸，《台灣平埔族的歷史與互動》（台北：常民文化出版，1997），頁33～35。

〔註25〕黃叔璥的〈番俗六考〉對日後台灣方志中的原住民的習俗記載影響頗深，如范咸的《重修台灣府志》、余文儀的《續修台灣府志》、王瑛曾的《重修鳳山縣志》的〈番俗篇〉多抄自此書。潘英，《台灣平埔族史》（台北：南天出版社，1996），頁234。

〔註26〕詹素娟的研究指出，黃叔璥在編〈番俗六考〉時，概念中應該沒有平埔、高山或生番、熟番的區別，而就是以原住民為記錄對象，這也反應出當時官府對台灣原住民的所有知識。詹素娟編著，《舊台灣‧新發現：台灣原住民歷史文獻解讀》（台北：國立編譯館，2007），頁105～115。

李亦園則認為黃叔璥的分類,除去其中北路諸羅番五及七,南路傀儡番及瑯
嶠十八社後,對平埔族群的分類有許多相合之處,也對日後平埔族群的研究
頗多幫助。〔註27〕

表 2-2:諸羅番社群、分布地區與族屬對照表

區　　域	村社分類	族　　屬
台南地區村社	諸羅番一、二、四	西拉雅族
雲林、嘉義地區村社	諸羅番二	洪安雅族
彰化、南投地區村社	諸羅番三、六	洪安雅族、貓霧捒族
台中地區村社	諸羅番八	拍瀑拉族、巴宰族
台中、苗栗、新竹地區村社	諸羅番九	道卡斯
桃園、大台北地區及後山	諸羅番十	噶瑪蘭、凱達格蘭、馬賽人

說明:據詹素娟的研究,黃叔璥將「南路鳳山番」分為「鳳山番」「傀儡番」及「瑯
　　　喬十八社」。其中「鳳山番」屏東平原的鳳山八社,是西拉雅族的另一支馬
　　　卡道族,「傀儡番」位於今日大武山上的排灣及魯凱族,而「瑯嶠十八社」
　　　則是恆春半島上的斯卡羅族(卑南族的一支)。
資料來源:詹素娟編著,《舊台灣・新發現:台灣原住民歷史文獻解讀》(台北:
　　　國立編譯館,2007),頁 105~115。

　　日治以後,為有效地管理台灣社會,對原住民開始展開調查及研究,首
開先河的是日本學者伊能嘉矩及粟野傳之丞。他們實地到台灣各地探訪並觀
察原住民的風俗、習慣及語言,而於 1900 年集結成一本調查報告書《台灣番
人情事》,是最早對平埔族群加以有系統分類的記錄。書中將台灣的原住民分
成八個族群,平埔族(Peipo)是其中一族。1904 年伊能嘉矩又著《台灣番政
志》一書,將平埔族的分類加以修正,而分平埔族為:凱達格蘭族(Ketagalan)、
噶瑪蘭族(Kavarawan)、道卡斯族(Taokas)、拍宰海族(Pazzehe)、拍暴拉
族(Vupuran)、巴布薩族(Poavosa)、阿立昆族(Arikun)、羅亞族(Lloa)、
西拉雅族(Siraiya)、以及馬卡道族(Makattao)等十族。對此,臺灣語言學
者李壬癸在 1992 年〈台灣平埔族的種類及其相互關係分類〉一文中,提出了
七族十四支的看法(附錄二)。〔註 28〕伊能嘉矩的分類研究在學界上雖有爭

〔註27〕李亦園,〈從文獻資料看台灣平埔族〉,《台灣土著民族的社會與文化》(台北:
　　　聯經出版社 1982),頁 49~51。
〔註28〕一九三○年,移川子之藏在《日本地理大系》一書的臺灣篇〈臺灣,土俗、

論，但他奠定了台灣原住民平埔族群學術性分類的開端，﹝註29﹞爲其後各家
平埔族分類的先驅。

三、台灣中部的平埔族群

　　台灣中部的原住民居住於平地以道卡斯族、拍瀑拉族、巴宰族、巴布薩
族及洪安雅族爲主（圖 2-2）。台中盆地在十七世紀原是巴宰族、拍瀑拉及巴
布薩族等平埔族群的土地，根據《台中文獻》上引述日本學者中村志孝所著
的〈蘭人時代番社戶口圖〉中顯示，拍瀑拉及巴布薩族分佈在今日南屯、南
區、中區、西區及東區一帶；巴宰族則是在北屯、西屯及北區，﹝註30﹞他們

人種〉一篇，把伊能嘉矩所分的阿立昆（Arikun）及羅亞（Lloa）兩族合併爲
洪雅（Hoanya），改馬卡道（Makattao）爲道（Tao），又增邵（Sao）一族，
而合爲十族。一九三五年，另一位日本學者小川尚義在《原語臺灣高砂族傳
說集》一書中，把道（Tao）族列入西拉雅（Siraya）族中，故較移川子之藏
的分法少了一族，成爲九族。之後，一九四四年，小川尚義在〈語二於臺灣
高山族，位置〉一文中，又有新的分類，他從噶瑪蘭（Kavalan）族中分出雷
朗（Luilang）族，而爲：雷朗（Luilang）、凱達格蘭（Ketagalan）、噶瑪蘭
（Kavalan）、道卡斯（Taokas）、拍宰海（Pazeh）、拍瀑拉（Papora）、巴布薩
（Babuza）、洪雅（Hoanya）、西拉雅（Siraya）、和邵（Sao）等十族。爾後，
馬淵東一在〈高砂族分類〉一文中，亦依照小川尚義的分類。1910 年鳥居龍
藏將邵族列爲平埔族，然而，邵（Sao）族是否應爲平埔族，抑或高山族學者
仍有不同的意見。同樣的，雷朗（Luilang）是否爲 Ketagalan（凱達格蘭）之
分支，抑或獨立成爲一族，學者也有不同的意見。近年學者又有新的分類看
法，日本語言學者土田茲在一九八五年的分類中，將平埔族分爲十二族：噶
瑪蘭（Kavalan）、馬賽（Basay）、凱達格蘭（Ketagalan）、龜崙（Kulon）、道
卡斯（Taokas）、拍宰海（Pazeh）、拍瀑拉（Papora）、巴布薩（Babuza）、洪
雅（Hoanya）、西拉雅（Siraya）、馬卡道族（Makattao）以及大武壠（Taivoan）。
臺灣語言學者李壬癸在一九九二年〈台灣平埔族的種類及其相互關係分類〉
一文中，提出了七族十四支的看法：卡瓦蘭（Kavalan）、凱達格蘭（Ketagalan）
【下分：馬賽（Basay）、雷朗（Luilang）、多囉美（Trobian）等三支】、巴布
蘭（Baburan）【下分：道卡斯（Taokas）、拍瀑拉（Papora）、貓霧（Babuza）、
費佛朗（Favoran）等四支】、拍宰海（Pazeh）、洪雅（Hoanya）、西拉雅（Siraya）
【下分西拉雅（Siraya）、馬卡道族（Makattao）以及大武壠（Taivoan）等三
支】。李亦園，〈從文獻資料看台灣平埔族〉，《台灣土著民族的社會與文化》（台
北：聯經出版社，1982），頁 49～51。李壬癸，《台灣平埔族的歷史與互動》
（台北：常民文化出版，1997），頁 38～41。

﹝註29﹞ 李亦園，〈從文獻資料看台灣平埔族〉，《台灣土著民族的社會與文化》（台北：
聯經出版社 1982），頁 49～51。

﹝註30﹞ 李豐楙，〈台中歷史發展──從平埔族的平原到漢人移民進墾與建城〉，《台中
文獻》（台中：台中市政府編印，2003），頁 6～7。

於此地從事狩獵、游耕及種植粟穀維生，巴宰族岸裡社對中部地區的拓墾及
開發深具影響力。十八世紀初，漢人張達京進入巴宰族的領域，取得平埔族
人的信任後，組織「六館業戶」，〔註31〕並透過各種方式取得平埔族土地，成
爲清代開墾中部土地的最大勢力；而巴宰族岸裡社人則在助清平亂的幾次戰
功中，取得清政府拓墾土地的權利，成立了岸裡大社，成爲中部最大的發展
勢力。〔註32〕

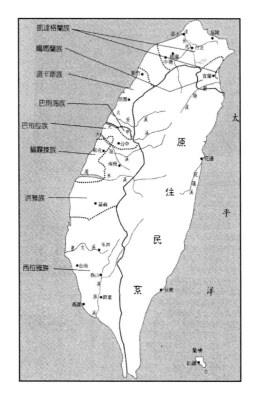

圖 2-2：台灣平埔族分布圖

資料來源：陳柔森編輯，《重塑台灣平埔族圖像》

（台北：原民文化，1999），頁 16。

〔註31〕「六館業戶」即指開拓台中平原的著名六戶「墾首」，而所謂的「六館」即以
　　　　張振萬墾號，即爲張達京所有。由於張達京在雍正年間已在當地取得招佃墾
　　　　耕的「給墾約字」，後更以「割地換水」的方法，請到「六館業戶」協助取得
　　　　廣大土地。陳炎正，《台中縣岸裡社開發史》（台中：台中縣立文化中心，1986），
　　　　頁 31～32。

〔註32〕張耀錡，〈平埔族社名對照表〉，《台灣文獻專刊》，第 2 卷第 1、2 期（台北：
　　　　台灣省文獻會，1951）。

四、岸裡大社的崛起

（一）巴宰族的起源

根據鍾幼蘭研究，在清代以前的文獻史料中並沒有「族名」記錄，多數的文字記錄以「社名」來指稱這些生活在台灣平野的原住民族，〔註33〕巴宰族是活躍於台中平原的原住民族，台灣中部平埔族之一，從史料及口傳中得知，巴宰族的祖居發祥地，原在現今豐原大安與東勢一帶，以豐原的岸裡大社為早期社群中心。〔註34〕在向外拓展的過程中族人以大甲溪流域為中心自南、北墾殖，分別建立了樸仔籬、烏牛欄、阿里史、葫蘆墩、西勢尾等岸裡九社。十八世紀即已活躍於台灣中部地區，其各社群活動的主要範圍包括了今天台中縣的豐原市、神岡鄉、石岡鄉、新社鄉、東勢鎮、潭子鄉等地區。巴宰族的名稱由來未有定論，在清代文獻裡僅有各社社名，1908 年日本人類學家伊能嘉矩首次提出「pazzeche」——譯為巴宰海或巴則海；1970 年衛惠林教授出版《埔里巴宰七社志》，將族名拼音改為「pazeh」，也因為他的研究所以使「巴宰」之名在學界廣為流傳。〔註35〕

（二）巴宰族的地理分布

巴宰族的發源地可能在大安溪北岸一帶，其傳統領域大約在大安溪北岸至大甲溪南岸之間的丘陵區。其分布以豐原（今葫蘆墩）為中心，北起大甲溪岸，南迄潭子鄉，東達東勢一帶，西至大肚山。包括大甲溪下游南北兩岸、后里台地、和台中盆地東北側沿山一帶；主要在現今台中豐原、潭子、東勢一帶。今日的 Pazeh（巴宰）則主要居住在苗栗三義鯉魚潭聚落、台中神岡岸裡社區、南投埔里愛蘭里與鐵山里，以及南投竹山等地。清道光初年開始，

〔註33〕鍾幼蘭，《族群、歷史與意義：以大社巴宰族裔的個案研究為例》（新竹：清華大學社會人類研究所碩士論文，1995），頁 37～43。

〔註34〕巴宰族是平埔族的一支，族名「Pazeh」其意為「好吃的糯米」。而糯米是漢人過年時製作糕點及麻薯的主要材料，巴宰族人岸裡社人原居地稱為「蔴薯屯舊社」即現今台中市后里區舊社，由此可見其與漢人接觸的情形，相對來說是漢化較深的。打必里・大宇，《巴宰王國——岸裡社潘家興衰史》（台中：潘啟南派下家族，1999），頁 9。

〔註35〕鍾幼蘭指出在清代以前的文獻史料中並沒有「族名」的記錄，事實上多數的文字記錄是以「社名」來指稱這些生活在台灣平野的原住民族，例如「岸裡社」、「烏牛欄社」、「朴子籬社」等，直到二十世紀初他們才開始被冠上「巴宰族」的族稱。至今所有主張「巴宰」是他們自稱的研究報告都是在 1900 年之後的研究成果，例如早期的張耀焜（1955）或廖漢臣（1957），或晚期的衛惠林（1981）、張隆志（1991）、洪麗完（1990）等人。

巴宰族曾有兩次大規模遷徙，一批移向宜蘭壯圍地區，另一批向埔里盆地集體墾殖，其中以巴宰七社的族人最能保持同源性，至今尚能保存部分語言、音樂等傳統，因此被認為是巴宰族群社會中最具代表性的聚落群。埔里的巴宰族社區包括了兩個舊聚落群，一個是分佈在烏牛欄台地上的愛蘭里與鐵山里，另一個是眉溪流域四社，即牛眠山 Paiisia、守城份 Pauvunun、大湳 Karehut 與蜈蚣崙 Tauvin。

（三）巴宰族群的社群分布（表 2-3）

巴宰族的四大社群「烏牛欄」、「樸仔籬」、「阿里史」及「岸裡」社，分布幾乎涵括整個台中盆地北部，其中岸裡社是巴宰族群中的最大社群，所謂「岸裡九社」（表 3-3），即岸東、岸西、岸南、西勢尾、蔴裡蘭、葫蘆墩、崎仔、翁仔及蔴薯屯舊社等組成。〔註 36〕

表 2-3：巴宰族社群一覽表

社 群	支 社	分布區域
樸仔籬社群	水底寮社	今新社鄉境內
	山頂社	今新社鄉境內
	大湳社	今豐原市大湳里一帶
	大馬僯社	今東勢鎮新伯公一帶
	社寮角社	今石岡鄉萬興村一帶
阿里史社群	阿里史北社	今潭子鄉境內
	阿里史中社	今潭子鄉境內
	阿里史南社	今潭子鄉境內
烏牛欄社		今豐原市田心里、豐田里一帶
岸裡社社群	西勢尾社	今神岡鄉岸裡村
	葫蘆墩社	今豐原市境內
	崎仔腳社	今神岡鄉溪州村一帶
	翁仔社	今豐原市翁社里、翁明里、翁子里一帶

〔註36〕 關於岸裡九社有不同的分法，根據岸裡社末代通事潘永安之手記，岸東、岸西、岸南、西勢尾、蔴裡蘭、葫蘆墩、崎仔、翁仔及蔴薯屯舊社為九社，伊能嘉矩及張耀焜等學者採此說法。張耀焜的《平埔族社名對照表》中將蔴薯屯舊社改為「大社」外，另外再加上烏牛欄、阿里史、樸仔籬及掃揀社為十三社。衛惠林則認為岸裡大社、西勢墩、蔴裡蘭、烏牛欄、大湳社、阿里史、翁仔及樸仔籬社為九社。陳炎正則以岸東、岸西、岸南、西勢尾、蔴裡蘭、葫蘆墩、崎仔、翁仔及大社為其社群分佈。洪麗完，《台灣中部平埔族：沙轆社與岸裡大社之研究》（台北：稻香出版社，1997），頁304。

	蘇薯舊社	今后里鄉內埔村一帶
	蘇裡蘭社	今神岡鄉岸裡村
	岸南社	今神岡鄉大社村、岸裡村、社南村一帶
	岸東社	今神岡鄉大社村、岸裡村、社南村一帶
	岸西社	神岡鄉大社村、岸裡村、社南村一帶

資料來源：洪敏麟，《台灣舊地名之沿革第二冊》（台中：台灣省文獻委員會，
　　　　　1983），頁 68～95。洪麗完，《台灣中部平埔族：沙轆社與岸裡大社之
　　　　　研究》（台北：稻香出版社，1997），頁 304。打必里・大宇，《巴宰王國
　　　　　——岸裡社潘家興衰史》（台中：潘啓南派下家族出版，1999），頁 10。

（四）岸裡社的擴展

　　岸裡社族人原住於大甲溪北岸的舊社（今后里鄉舊社村），後來大舉移居
神岡鄉大社村一帶，即分佈於今神岡鄉岸裡及大社村兩村，其中岸東、岸西、
岸南、西勢尾、蘇裡蘭社部落，因勢力大，因此大社即成爲巴宰族群居的主
體。吳子光〈岸裡文祠學舍記〉如此記載：「岸裡社於蘇薯屯爲酋長，故別稱
大社，社者富庶，有巡海御史行台，今廢」。〔註37〕由此可知，清代以來岸裡
社助清平亂，聲譽日隆，無論政治、經濟的力量均冠於其他的社群，而岸裡
社自效清廷以來，建立不少軍功，清廷對其賜袍封土，勢力不斷壯大，儼然
成爲一個小王國，「岸裡大社」乃成爲巴宰族代稱（圖 2-3）。〔註38〕岸裡社原
居大甲溪北岸的后里一帶，稱爲蘇薯舊社。康熙 38 年（1699）道卡斯族吞霄
社反清戰役中，清廷原本派遣南部的西拉雅族四社北上討伐，結果死傷慘重，
最後派人與岸裡社聯絡，並以糖、煙、銀及布誘使此地的巴宰族攻打吞霄社，
根據周鍾瑄的《諸羅縣志》記載：

> 四社番傷死甚重，既有獻計常太者云：『岸里山番穿林箐涧谷如飛，
> 擒個、霧非此不可，時岸裡番尚未內附，乃遣譯者入説其魁，多致
> 糖、煙、銀、布，番大喜，自以收捕爲功。』〔註39〕

　　岸裡社協助清廷平定吞霄作亂後，康熙 55 年（1716）在漢人張達京的引
導下，巴宰族人包括岸裡社、掃揀社、烏牛欄社、阿里史社及朴仔籬社歸順
清廷，爲與岸裡社人建立關係，對巴宰族賜姓、賜土；而巴宰族群岸裡社從

〔註37〕吳子光，《吳子光全書》，〈一肚皮集〉卷六（台北：台灣史蹟研究中心，1979）。
　　　　陳炎正，〈岸裡社史話〉，《台灣風物》，第 31 卷第 1 期（台北：台灣風物雜誌
　　　　社，1981），頁 55～57。
〔註38〕陳炎正，《台中縣岸裡社開發史》（台中：台中縣立文化中心，1986），頁 4～7。
〔註39〕周鍾瑄，《諸羅縣志》（南投：台灣省文獻會，1993），頁 279。

此效忠清廷，平亂功績顯著。

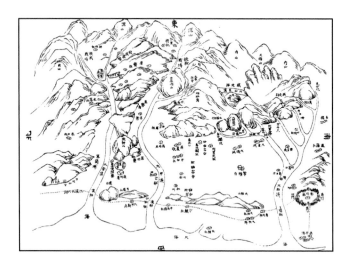

圖 2-3：清朝岸裡社番巴宰族人協助清軍平亂守備圖

資料來源：《台灣慣習記事》，第 4 卷第 8 期（台北：台灣慣習研究會，1903）

　　康熙六十年（1721）的朱一貴事件、雍正十年（1732）大甲西社事變，甚至乾隆五十一年（1786）林爽文叛亂等，巴宰族群都成為平定戰亂主要戰力。雍正十二年（1734）大甲西社事變後二年，阿莫之孫敦仔與女婿張達京赴省城，「叩祝萬壽，知禮樂教化」，乾隆五年（1740）賜「忠勇可嘉」匾額予巴宰第三代土官敦仔，乾隆二十三年（1758）由皇帝賜潘姓，據吳子光〈一肚皮集〉：

　　　　「今熟番皆昔生番，因歸化後故名，然猶守其土風，雖久遠弗變。……

　　　　唯潘字有水、有米、有田，姓莫如潘宜。番大喜……。」〔註40〕

　　乾隆三十五年（1770）皇帝召見潘敦仔（圖 2-4），授「大由仁」名，並賜珍品。康熙五十四年（1715）潘敦仔因協助平亂建立軍功，岸裡社土官阿莫被委任為岸裡九社總土官，請墾貓霧捒一帶的荒埔草地，並得到知縣周鍾瑄的准許，給予信牌（圖 2-5），並出示曉諭，拓墾貓霧捒一帶：東到葫蘆墩（今豐原）、西到沙轆（沙鹿）、北到大甲溪、南至大姑婆（西屯）、東南至阿罩霧（今霧峰）、阿里史（潭子），西南則是擴及捒加頭（今西屯水崛頭），供

　　〔註40〕吳子光，《吳子光全書》，〈一肚皮集〉卷六（台北：台灣史蹟研究中心，1979）。
　　　　　陳炎正，〈岸裡社史話〉，《台灣風物》，第 31 卷第 1 期（台北：台灣風物雜誌社，1981），頁 55～57。

岸裡社番拓墾，自耕自食。程士毅研究指出，官方爲了獎勵其功勞，不但確認巴宰族原有的申請土地外，並將其他叛亂諸社的土地賜給岸裡社。〔註41〕巴宰族群興起的同時，漢人張達京引入大批漢人勢力進入巴宰族岸裡社的賜地，〔註42〕召請漢佃協助開墾，岸裡大社成爲中部最大的地主。

圖 2-4：潘敦仔武官像圖

資料來源：《巴宰王國──岸裡社潘
家興衰史》，頁 18。

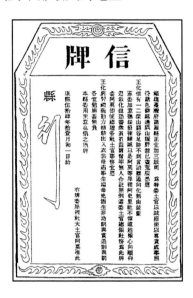

圖 2-5：諸羅縣給岸裡社信牌

資料來源：陳炎正，《台中縣岸裡社開發
史》（台中：台中縣立文化中
心，1986），頁 4～7。

〔註41〕 徐永欣編輯，《平埔的珍珠：巴宰族印象》（苗栗：苗栗縣巴宰族群協會，2006），頁 3。陳炎正，〈岸裡社史話〉，《台灣風物》，第 31 卷第 1 期（台北：台灣風物雜誌社，1981），頁 55～57。李豐楙，〈台中歷史發展──從平埔族的平原到漢人移民進墾與建城〉，《台中文獻》（台中：台中市政府編印，2003），頁 12～13。

〔註42〕 張達京，字振萬，廣東大埔縣人，康熙 50 年（1711）來台。既至岸裡社，爲其族除瘟疫，教化耕作，頗受族人擁戴。族人妻以六「番女」，後人因此稱「番附馬」，漢番結親之舉，使其熟知番情，教化族人，後任岸裡五社總通事，採〈以夷制夷〉之策，說服岸裡社助清平亂，出戰各社生番，而巴宰族助漢人拓墾，對中部的開發貢獻不言可諭；張達京在取得岸裡社的賜土後，著手興鑿水圳，以「割地換水」之方式取得番地，並邀請同鄉人前來大事拓墾，所開的葫蘆墩圳灌田千餘甲，對神岡、潭子、大雅、豐原及台中市北屯、西屯的土地拓墾及開發影甚大。參閱《神岡鄉土志》及陳炎正《台中縣岸裡社開發史》。

（五）岸裡社的漢化與沒落

岸裡社群自十八世紀漢人進入後漸次漢化，官方對番人除撫綏外，透過社學教育改變巴宰族人的思想觀念。清廷在朱一貴事件後，[註43] 極力籠絡原住民以控制漢人，所以除對原住民撫綏之外，開始重視「土番」教育，因此設立社學以教育「番童」，藉以來改變平埔族群的觀念及思想以服於漢人。中部在1732年（清雍正十年）大甲西社事件平定後積極設學，岸裡社群中的岸裡大社與阿里史均曾設立社學以獎勵「番童」接受教育。社學後來因經費不足乃於十九世紀嘉慶年間漸廢，清道光時平埔族群加速接受漢人文化，「番童」入當地漢人的義學或書院讀書已成風氣。[註44] 此外，由於戰功，潘敦仔及張達京各蒙雍正帝御賜御衣一襲，1770年（乾隆三十五年）敦仔蒙帝召見，嘉其義勇行為，是由於他大仁德的心，因此賜授「大由仁」。[註45] 1758年（乾隆二十三年）岸裡社民薙髮示忠及改姓為潘，子孫代代效忠清廷，終無反抗之心（圖2-6、2-7、2-8、2-9）。[註46]

圖2-6：潘敦仔通事宅

圖2-7：岸裡大社東門遺址

[註43] 1722年（康熙六十一年）朱一貴在台灣發動武力抗清事件，清廷再度借用岸裡社民的力量，阿莫之子阿藍效力，協助平定亂事。打必里·大宇，《巴宰王國——岸裡社潘家興衰史》（台中：潘啓南派下家族，1999），頁18～20。

[註44] 洪麗完，〈大社聚落的形成與變遷（1715～1945）：兼論外來文化對岸裡大社的影響〉，《台灣史研究》，第3卷第1期（台北：中研院台灣史研究所籌處，1996），頁75～77。

[註45] 打必里·大宇，《巴宰王國——岸裡社潘家興衰史》（台中：潘啓南派下家族，1999），頁28～29。

[註46] 洪麗完，〈大社聚落的形成與變遷（1715～1945）：兼論外來文化對岸裡大社的影響〉，《台灣史研究》，第3卷第1期（台北：中研院台灣史研究所籌處，1996），頁75～78。

圖 2-8：岸裡大社南門遺址　　　　圖 2-9：岸裡大社西門遺址

資料來源：打必里・大宇牧師，《巴宰王國──岸裡社潘家興衰史》
（台中：潘啟南派下家族，1999），頁 34～39。

　　在經濟方面，1715 年（康熙五十四年）清廷依岸裡社的戰功，授阿莫為岸裡社總土官，1716 年（康熙五十五年）則准其請墾貓霧捒之野，成為其養贍埔地的來源，而農業生產技術的提升，生活上獲得大幅改善。然而漢人的文化水準較高，在漢番的相互競爭結果，巴宰族人不是被同化便是遷而避之，因此平埔族的遷移與漢人的移入、侵墾都有很大的關聯。〔註47〕台中縣葫蘆墩文教協會理事長陳炎正認為早期漢人以「割地換水」〔註48〕的模式，為中部地區奠定了後來經濟發展的基礎，但是平埔族人有的草埔地業權，隨著「六館業戶」〔註49〕（圖 2-10）的開墾為業，台中盆地西南的社地仍落入漢人手中。

─────────────

〔註47〕陳炎正，〈史前文化與先住民文化──平埔族與其文化〉，《台中縣大甲溪流域開發史》（豐原：台中縣立文化中心，1989），頁 99～100。

〔註48〕潘大和不贊同這種看法，他認為漢人張達京以「欺騙的技倆」奪取岸裡社人的埔地，而清朝官府則採「以夷制夷」的方法削弱平埔族。的潘大和，《平埔巴宰族滄桑史》（台北：南天書局，1998），頁 160～222。梁志輝、鍾幼蘭著，〈當代中部地區平埔族群的族群認同〉，《台灣原住民族史──平埔族史篇（中）》（南投：台灣省文獻委員會，2001），頁 157～171。

〔註49〕「六館業戶」是早期開闢台中平原的著名墾戶，其中以張振萬墾號為首（張振萬即張達京），雍正 11 年（1733）張達京與土官潘敦仔以割換水方式，訂立墾約，為擴大開拓，乃邀同漢人秦廷鑑、姚德心、廖朝孔、江佑金、陳周文等組織「六館業戶」，共同出資開鑿水圳，以供水田灌溉。在式上六館與番社之間仍保持租佃關係，因當時官府仍對番產採取保護政策，只許將埔地「租與民人耕種」，而不許買賣之故。其中通事張達京扮演重要角色，是番地移轉時的承受者，也是土地拓墾的招請人。有關漢番土地租佃關係上的演變，可參閱陳炎正，《台中縣岸裡社開發史》（台中縣立文化中心，1986），頁 25～30。

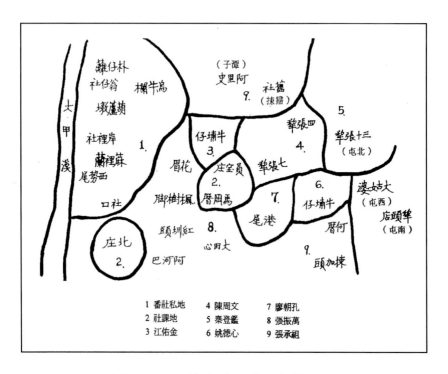

圖 2-10：六館業戶土地分配位置圖

資料來源：陳炎正，《台中縣岸裡社開發史》（台中縣立文化中心，1986），
頁 25～30。

　　施添福指出，乾隆年間以後，土地仍繼續轉入漢人經營，割地換水的結
果，並不能讓岸裡社人有一個利於農耕的環境，卻讓漢人社會快速地發展。
他的看法是岸裡社因軍功而擁有廣大的埔地，但因官方給派的勞役過重，使
他們沒有可以利於農耕的環境，反而成就了來自廣東及福建的漢人，岸裡社
地不斷地租讓給漢人，實際的社課又超過漢人的大租，因此到了乾隆四十年
代，巴宰族人不得不離開故居，另覓久居之地。〔註 50〕而漢人的大量移入，
時有侵墾的情況出現，官方雖明令漢人不得越界侵墾，但清廷的禁令似乎無
法抵擋移民的進入，漢人勢力似乎不可阻，平埔族人原有的獵場化為農田，
產業日減，生計發生嚴重的問題，最終被迫遷往內山。〔註 51〕

〔註 50〕施添福，〈清代台灣岸裡地域的族群轉換〉，潘英海、詹素娟主編《平埔研究
　　　　論文集》（台北：中央研究院台灣史研究所，1995），頁 303～306。
〔註 51〕陳炎正，〈張達京與葫蘆墩圳開發〉，劉益昌等撰《台中縣開發史學術研討會
　　　　論文集》（台中：台中縣文化局，2003），頁 147～155。

第三節　埔里巴宰族群聚落的形成與發展

　　巴宰族的發展空間雖因歸化後不斷擴大，學者陳夢林根據岸裡文書的記錄研究發現，〔註52〕康熙 54 年（1715）到乾隆 42（1777）年間，巴宰族的人口從三千餘名僅剩二千餘人口，而漢人在巴宰族人所據有的土地上則逐漸穩定發展，建立漢人的社群，到了光緒十九年（1893）巴宰族人口僅剩不到一千六百一十一人，這表示巴宰族人為了生計，陸續離開原居地，對外尋找更適合族人生存的空間。從岸裡文書記錄中，巴宰族群人口消長上或許可以看出平埔族群在生存空間上所面臨的問題，然而是否有其他的因素造成巴宰族群的大規模遷徙遠走他鄉另建新天地，這是值得去探究的課題。

一、中部平埔族群的遷徙

　　一般所知埔里盆地的「平埔族群」主要約從清代道光年間（1820 年代）陸續分批集體移墾埔里。清代平埔族的遷移是臺灣社會史上的大課題，其中以西拉雅族、噶瑪蘭族以及中部平埔族之長距離遷徙尤受注意。〔註53〕十七世紀以來，平埔族與外在社會接觸的時間早晚不一，自清嘉、道以後平埔各族之移動極為頻繁，李亦園認為其中較大規模的遷移有四次：（一）中部平埔族群之移往宜蘭縣。（二）中部平埔族群之移往埔里盆地。（三）噶瑪蘭族之南移至花蓮、台東兩縣境。（四）西拉雅族屬之移居台東（圖 2-11），〔註54〕文獻上平埔族群最早遷入埔里的年代是在 1823 年（道光三年），且一直延續到咸豐年間（1850 年代）〔註55〕。

〔註52〕所謂岸裡文書指的是研究平埔族重要的文獻資料，又稱「岸裡大社文書」，是岸裡社頭目潘家保存的文書契約，年代從清乾隆 6 年（1741）到民國 7 年（1918），數量以乾、嘉年間最多；其記錄內容包括了公文、開墾記錄、契約、租約、開墾及訴訟文書等，是瞭解十八、十九世紀中部地區社群關係與平埔族巴宰族歷史發展的文獻史料，岸裡文書也是認識清代到民國早期台灣文化開發面貌的材料，具有極其重大的歷史意義。徐永欣編輯，《平埔的珍珠：巴宰族印象》（苗栗：苗栗縣巴宰族群協會，2006），頁 4。

〔註53〕張耀錡，《台灣平埔族社名研究》（台北：南天書局，2003），頁 119～127。

〔註54〕李亦園，〈從文獻資料看台灣平埔族〉，《台灣土著名族的社會與文化》（台北：聯經出版社，1982），頁 53～55。張耀錡則將此一重要的集體遷徙分成三期：（一）巴宰族、巴布薩、拍瀑拉、道卡斯、凱達格蘭、洪雅族之移住噶瑪蘭（今宜蘭）（二）巴布薩、巴宰族、拍瀑拉、道卡斯、洪雅族等移埔里（三）西拉雅族及四社熟番之移住東部及卡瓦蘭族的南遷。張耀錡，《台灣省通志稿卷八同胄志》（第三冊）（南投：台灣省文獻會，1965），頁 628～629。

〔註55〕伊能嘉矩，〈埔里平埔蕃部落〉，《東京人類學會雜誌》第 281 號（1909），頁

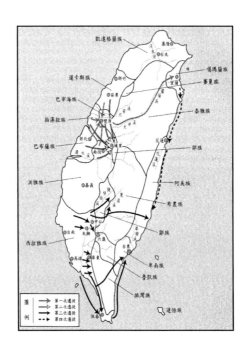

圖2-11：台灣平埔族群四次之遷徙圖

資料來源：劉還月，《認識平埔族群的第N種方法》

（台北：原民文化，2001），頁31。

　　大約在十九世紀中期，各地區的平埔族紛紛向外遷徙，其中規模最大、人數最多可能就是遷徙到埔里的巴布薩、巴宰族、拍瀑拉、道卡斯、洪雅族等五大平埔族群。關於清代平埔族群遷徙的原因，歷來學者有不同的論點：〔註56〕伊能嘉矩認為「漢番的土地競爭，演變為生存競爭」，「熟番之遷入埔社，實受漢人壓迫所致」〔註57〕；洪敏麟進一步解釋為土地競爭失敗的結果；劉枝萬則將生存競爭失敗視為直接原因，漢人豔羨垂涎，但礙於封禁嚴厲，乃

439～440。

〔註56〕同時有關中部平埔族遷移埔里之探討，主要有1931年移川子之藏報導〈埔里熟番聚落古文書〉、1951年劉枝萬〈臺灣埔里鄉土志稿〉、張耀錡《平埔族社名對照表》、1990年鄧相揚〈平埔族古文書溯源〉、1992年邱正略〈清代台灣中部平埔族遷移埔里拓墾之研究〉、張環顯〈清代「埔里」的開發〉、1995年鄧相揚〈埔里盆地平埔族群語言消失的原因〉及1998年鍾幼蘭〈平埔族群與埔里盆地——關於開發問題的探討〉。另外，也有就單個社別或社群入墾埔里的研究，如張隆志《族群關係與鄉村台灣——一個清代台灣平埔族群史的重建和理解》中針對巴宰族群移居埔里有整體觀察，及細緻化的分析。

〔註57〕溫吉編譯，《台灣番政志》（一）（台北：台灣省文獻委員會，1957），頁301～303。

先使平埔番潛入開墾，則是間接原因。〔註 58〕李亦園在〈從文獻資料看台灣平埔族〉一文中指出漢人接觸後的平埔族群大部分皆被同化，而少部分則遷而避之，以保存其民族的命脈，〔註 59〕這說明了漢人優勢文化對平埔族的壓迫極深。

　　學者尹章義主張平埔族的移居與漢人的教唆或勸誘有密切的關係。〔註 60〕溫振華〈清代中部平埔族遷移埔里分析〉一文中指出平埔族入埔的背景不僅可從原鄉的推力、埔里的吸力方面作探討，各族社群的合作、資金的來源、以及拓墾的方式都是其移墾埔里的重要因素。〔註 61〕洪麗完則認為中部平埔族群跨部落集體入埔，是發自內在的平埔熟番集體意識的展現，〔註 62〕鍾幼蘭則以人口壓力作為平埔族遷移入埔的主要原因，其理由是不斷湧入的漢人對台灣社會構成人口壓力，使土地或水源的競爭益形激烈，人們不僅必須開墾出更多土地，也被迫往更高海拔的丘陵地或山區進行拓墾。對平埔族群而言，人口壓力最直接的影響是生活空間的擠壓。在西部平原區幾近飽和的情形下，人們被迫往更高海拔的地區尋找生活空間，〔註 63〕埔里盆地是水沙連地區最適合墾殖的肥沃地域，自然成為移墾者的覬覦之地。

　　另有學者認為屯番制度是迫使平埔族遷徙的重要因素。〔註 64〕乾隆末年

〔註 58〕 洪敏麟，《台灣省通誌‧同冑志》，卷 8（台中：台灣省文獻委員會，1972）。張耀錡則認為是經濟上徭役沉重及被迫出典土地的結果。張耀錡，《台灣省通誌稿‧同冑志》，卷 8，第三冊（台中：台灣省文獻委員會，1965），頁 628～629。衛惠林、丘其謙則認為是理番政策促使平埔族群的遷徙活動。衛惠林、丘其謙，〈南投縣土著志〉，收錄於劉枝萬、石璋如等纂，《台灣省南投縣志稿》，第七冊（台北：成文出版社，1983），頁 2083。

〔註 59〕 李亦園，〈從文獻資料看台灣平埔族〉，《台灣土著名族的社會與文化》（台北：聯經出版社，1982），頁 53。張耀錡也為文指出「移住平埔族在各地和漢人糾纏不休，屢圖避開不能者，逃入此中以延最後余喘也。」張耀錡，〈平埔族社名對照表〉，《台灣文獻專刊》，2：1／2 另冊（1951），附錄二，頁 1。

〔註 60〕 尹章義，〈台灣開發史的階段論和類型論〉，《台灣開發史研究》（台北：聯經出版社，1989），頁 19。

〔註 61〕 溫振華，〈清代中部平埔族遷移埔里分析〉。

〔註 62〕 洪麗完，〈從十九世紀入埔遷徙活看台灣中部平埔熟番集體識的展現〉，《新史學》，第 17 卷第 2 期（台北：新史學出版社，2006），頁 57～59、93～104。

〔註 63〕 鍾幼蘭，〈平埔族群與埔里盆地——關於開發問題的探討〉，劉益昌、潘英海主編《平埔族群的區域研究論文集》（南投：台灣省文獻會，1996），頁 97～140。

〔註 64〕 邱正略，〈清代台灣中部平埔族遷移埔里拓墾之研究〉（台中：東海大學歷史研究所碩士論文，1992），頁 66～67。

（1788）所施行的屯番制度則是「以番制番」策略的延伸，從政府的角度來看，確實有其「撫番」的功效，但是對平埔族群而言，其生計負擔及經濟困境仍未解決。〔註65〕程士毅及施添福都認為負擔過於沉重的「賦」與「役」，致使族人缺乏安心耕作的環境及條件，再加上土地的大量流失成為其遠走他鄉、另找新天地的重要原因。〔註66〕

嘉慶十九年（1814）爆發的「郭百年事件」可說是中部平埔族群集體遷徙入埔的直接原因，他們也成為開發埔里的先驅。姚瑩在其〈埔裏社紀略〉有如下的記載：

> ……郭百年既得示照，遂率眾入山，……（郭百年）偽為貴官，率民壯佃丁千餘人，至埔里社，囊土為城，黃旗大書開墾。社番不服，相持月餘……，（郭百年）乘其無備，大肆焚殺，生番男婦逃入內山，聚族而嚎者半月。……，二十二年六月傳諸人至郡會訊，予郭百年以枷杖，其餘宥之。……赴沈鹿，折毀土城，水埔二社耕佃盡撤，生番始歸社，集集、烏溪二口，各立禁碑……〔註67〕

「郭百年事件」後，清廷官方最後的處置是強力介入，將漢人全部逐出。

〔註65〕 閩浙總督福康安建議仿四川屯練之例，挑選曾助清軍打仗的熟番（平埔族群）為屯丁，其本意是防守番界，招撫生番及協助平亂，而以界外未墾荒地撥給屯丁作為養贍地之用。從土地開發的角度看，這也是促使開發內山的動力。但由於這些贍養地是未墾之地，開墾需有資金及技術，平埔族一方面無力開墾，再加上一些贍養地離社太遠，因此只好招漢佃開墾收取番租，這與番地招民開墾是一樣的意思。由於官方所撥給的贍養地是以社為單位，依社屯丁人數多寡撥給的，因此給墾時也多是整塊贍養地共同給墾的。而贍養地的私自買賣、轉讓除給予漢佃取得更多土地的機會外，更可說是屯務廢弛的一項表徵。邱正略，〈清代台灣中部平埔族遷移埔里拓墾之研究〉（台中：東海大學歷史研究所碩士論文，1992），頁114～116。

〔註66〕 程士毅在〈巴宰族群簡史〉一文指出，番社中男人由傳統游獵進入定點農耕生活後，青壯年為社內主要勞動人口，而且必須處理日益增加的入侵者問題。如今擔任屯兵，必須輪流駐守外地，並經常受命出外作戰，無暇顧及耕作，社內親人也常面臨任人欺凌、誘騙的窘困。非但土地流失更加快速，最後只好向外遷徙，尋找新的生活空間。程士毅，〈巴宰族群簡史〉，賴貫一編著，《台灣土龍傳奇──巴宰族群語教材教師手冊（文史篇）》（南投：台灣打里摺文化協會，2003），頁110～112。施添福，〈清代台灣岸裡地域的族群轉換〉，潘英海、詹素娟主編《平埔研究論文集》（台北：中央研究院台灣史研究所，1995），頁301～332。

〔註67〕 姚瑩，〈埔里社紀略〉，《東槎紀略》（台北：台灣銀行台灣文獻刊第7種，1957），頁32。

而禍首郭百年僅被判處責打及帶枷示眾之刑，其他人均獲判無罪。清廷於嘉慶 22 年（1817）派官員拆毀漢人所築土城，將埔社及水社之來墾漢佃全部逐出，爲避免漢人及平埔熟番入墾，並在通往水沙連的集集及烏溪南北入口處設立禁碑嚴禁越墾之，〔註68〕以示清政府禁漢人進入水沙連番境的決心。

漢人侵墾的結果，使得埔社損失慘重，人口銳減，鄧傳安曾有深刻的觀察和描述：

> 自被漢民擾害後，社益衰、人益少。鄰近眉裡、致霧、安裡萬，三社皆強，常與嗜殺之沙裡興往來，其情叵測，逼處者實惴惴焉。〔註69〕

有鑑於勢單力薄，在水社化番的引介下，招平埔族人遷入，以部分的埔地之永耕權做爲拓墾西部平埔族群入埔之代價，藉以對抗漢人，開啓中部平埔族群大舉遷移埔里之先聲，此舉使得埔番人口銳減，也埋下埔眉番式微之危機。〔註70〕

二、巴宰族的遷徙入埔

巴宰族群的遷徙行動，學者如衛惠林、施添福及程士毅也認爲與土地大量流入漢人手中和負擔過重的勞役等原因有關；陳秋坤、張隆志等學者則主張是因爲巴宰族群中的權力及利益分配不均，引發多次內部衝突以致勢力潰散所致。〔註71〕據衛惠林的研究，巴宰族的遷徙行動共有三波（圖 2-12），包括嘉慶九年（1804）初的彰化平原潘文賢帶領千餘人移往宜蘭羅東；道光三年（1823）巴宰族與中部平埔族入墾埔里；另有道光年間遷入苗栗三義鄉鯉

〔註68〕立於焦集風箜口（洞口）之禁碑爲「嚴禁不容奸入，再入者斬」，由劉仁明管理之；立於龜仔頭坪禁碑爲「原作生番屬，不造漢民業」，由王得祿管理之。

〔註69〕鄧傳安，〈水沙連紀程〉，《彰化縣志》（南投：台灣省文獻會，台灣文獻叢刊第 156 種，1993），頁 442。

〔註70〕程士毅，〈巴宰族群簡史〉，賴貫一編著，《台灣土龍傳奇——巴宰族群語教材教師手冊（文史篇）》（南投：台灣打里摺文化協會，2003），頁 116～118。

〔註71〕陳秋坤認爲十九世紀初彰化平原的平埔族「流番」潘賢文會帶領族人離開中部而轉往宜蘭，是因爲爭奪岸裡社總通事未成所造成的結果。對此姚瑩在《東槎紀略》說潘賢文是因「犯法懼捕」另據潘英的研究，則認爲是與漢番爭生存土地空間的結果。陳秋坤，《台灣清代土著地權——官僚、漢佃與岸裡社人的土地變遷 1700～1895》（台北：中央研究院近史所，1997），頁 106～118；張隆志，《族群關係與鄉村台灣——一個清代台灣平埔族群史的重建與理解》（台北：國立台灣大學出版委員會，1991），頁 196～200。

魚潭村。嘉慶九年（1804）是中部平埔族群首次大規模遷徙，巴宰族阿里史土目潘賢文扮演重要角色，〔註72〕參與第一次大遷徙的族群約有八個族社包括了巴布薩（東螺社及阿束社）、洪安雅（北投社）、道卡斯（大甲及吞霄社）、巴宰族的岸裡社、阿里史社外，後來巴宰族的烏牛欄社及拍瀑拉族的牛罵頭等社群也都加入，〔註73〕一千多人隨著潘賢文越過中央山脈進入噶瑪蘭轉往羅東拓墾，然漢人早已先於此地開墾，巴宰族人與之相爭失敗後，再次地回到原居地。恰於此時，埔里盆地發生「郭百年事件」，因而促使巴宰族群的第二次遷徙，這也是清代平埔族群拓墾埔里盆地開端。

　　道光三年（1823），岸西社原通事潘阿沐、土目潘德慶及岸裡社總通事阿沐都滿為首的十四社平埔族代表於岸裡社集會，商討移墾埔里事宜，參與的成員中多以巴宰族社群為主，各社群共同訂立了〈公議同立合約字〉合約，成為入埔前的誓約書，其中約定：

> 凡我同約番親，須當約束本社番黎，竭力開墾，……毋許侵入內山擾動生蕃，毋許恃強凌弱，毋許引誘漢人在彼開墾、毋許傭雇漢人在地經營，若有不遵鳴眾革逐。〔註74〕

　　這次的遷徙行動被認為是一有組織計劃，且是分批陸續進入埔里開墾的遷徙行為。而這一份由西部平埔族群五族十四社〔註75〕所立訂的「公議同立合約字」被認為是平埔族遷徙埔里的首要文獻，雖然有些學者提出質疑，〔註76〕但由內容可以看出平埔族群受到漢人的壓迫所反射出來的心理情境。在道光四年（1824）二月由埔社土目阿密等人招募平埔族人入埔訂立的「思保全招派開墾永耕字」和道光八年（1828）十月由埔社自己立出的「望安招墾永

〔註72〕 李信成，〈清代平埔族大遷徙的先驅——潘賢文事略〉，《中國邊政》，第 160 期（台北：中國邊政雜誌社，2004），頁 35～59。

〔註73〕 柯培元，〈屯田志〉，《噶瑪蘭志略》台灣省文獻叢刊第 92 種（台北：台灣銀行經濟研究室，1961），頁 119～126。

〔註74〕 劉枝萬《南投縣沿革志開發篇稿》（南投：南投文獻委員會，1958），頁 39～41。

〔註75〕 五族十四社，包括巴宰族群的岸西社、岸裡社、阿里史社、拾捌另雲社、翁仔社、烏牛欄社、麻裡蘭社、朴仔籬社，洪雅族的南投、北投社、貓羅社，以及拍瀑拉族的中北（大肚）社、南水二社，巴宰族群並是由總通事阿沐都滿、副通事潘文格及諸社土目等人具名。其中所謂「拾捌另雲」社，應該就是「十八靈魂」，位置在今台中縣立文化中心附近。

〔註76〕 洪麗完，《熟番社會網絡與集體意識——台灣中部平埔族歷史變遷（1700～1900）》（台北：聯經出版事業股份有限公司，2009），頁 282～285。

耕字」及「承管埔地合同約字」中，也完完全全地把招墾動機和過程表白得
一清二楚：

> 緣因前年郭百年入社開墾，爭佔攻社，殃害丁口，死已過半，以致
> 番丁稀少。未幾再遭北來凶番欺凌勒辱，擾害百般，難以安居。……
> 而現今蛤美蘭社地廣番少，屢被北番欺凌，慮乏壯丁可以守土，你
> 等打裡摺何不眾番親同入其中，安居墾耕、守望相助者，……原自
> 道光四年，經有踏出多少埔地與平埔打裡摺均分開墾管耕，……今
> 觀此打裡摺，近者悅而遠者來，番眾業少衣食不足，茲此除前出招
> 墾字內界址以外，……情願再踏出東西南北埔地，以及四圍山林等
> 處，凡屬我蛤美蘭社界管之地，無分你我，任從再行均分開墾、成
> 田耕種，併帶泉水灌溉充足，永耕以為己業，以慰後望。〔註77〕

　　由以上文獻中可看出「郭百年事件」中漢人對埔番的衝擊，以及長期以
來埔里南北番對峙的衝突壓力，使其招墾「平埔打裡摺」〔註78〕「來社共居
墾耕」以求自保的心態表露無遺。一方面可以協助抗拒北方兇番，另方面使
平埔打里摺有長久棲身之處，為日後中部平埔族集體遷村埋下契機。因此在
日月潭思貓丹社（水社）〔註79〕的居中引薦下，自道光三年（1823）始，平
埔族遂以集體入墾的方式大舉進入埔里盆地，〔註80〕入墾埔里的平埔族，以
「打里摺」（番親）的觀念結合，合力進行拓墾的工作，大約在道光十一年

〔註77〕劉枝萬，《南投縣沿革志開發篇稿》（南投：南投文獻委員會，1958），39～41。
〔註78〕「打里摺」非漢語，而是布農族式部族命名的譯稱，用以表達同根、共祖、
　　　　親族等意思。洪麗完，《熟番社會網絡與集體意識──台灣中部平埔族歷史變
　　　　遷（1700～1900）》（台北：聯經出版事業股份有限公司，2009），頁308～309。
〔註79〕簡史朗認為思貓丹社即邵族、水社、水沙連社。道光四年（1824）年，埔裡
　　　　社透過日月潭邵族人，招請西部平埔族入墾埔裡盆地的文獻〈思保全招派
　　　　開墾永耕字〉中有明確記載。高拱乾《台灣府志》記「水沙連思麻丹社」即
　　　　「水沙連思貓丹社」。簡史朗、曾品滄主編《【水沙連】埔社古文書輯》（台北：
　　　　國史館，2002）導讀頁16～17。
〔註80〕水社番引導平埔族入埔的緣由據傳是北投社番上山打鹿時遇見水社番，述及
　　　　北投社的處境和埔社的遭遇，於是由水社番引導至埔里社平原勘查，認為是
　　　　上天所賜的移居地。導致平埔族群的集體遷移行動。後來為感念水社的協助，
　　　　埔里的平埔族在每年舊曆年時皆備有糕餅、酒、肉等食物來迎接水社番來饗
　　　　宴的習慣。鄧相揚，〈平埔族群拓墾眉社群傳統領域之初探〉，《劉枝萬先生與
　　　　水沙連區域研究》（南投：暨南大學人類學研究所，2008），頁8。埔里愛蘭教
　　　　會牧師陳清恩也曾經講述這段歷史，愛蘭教會與日月潭長老教會的關係是相
　　　　當密切的。

（1831）方才結束。平埔族與埔社簽定兩個合約，皆由水社為中介人，其遷入的部落達三十餘社，包括道卡斯族（Taokas）、拍宰海族（Pazzehe）、拍瀑拉族（Vupuran）、洪雅（Hoanya）、巴布薩族（Poavosa）等五族。入墾初期開墾的範圍僅限於埔里盆地之南半部，仍未遍及整個平原之全部，亦即僅限於埔社番地，眉社仍不願招納外來墾民。雖然如此，中部平埔族群展開移墾埔里的大規模行動，不僅成為開發埔里的重要動力，也對埔里盆地的族群結構產生很大的變化（圖 2-12）。

圖 2-12：中部平埔族人遷徙入埔的路線

資料來源：陸傳傑，《裨海紀遊新注》（台北：大地地理出版公司，2001），頁 80。

三、平埔族遷入埔里後聚落的形成與發展

關於中部平埔族群以何種模式入墾埔里，學者多有討論，一般認為中部平埔族群是以跨族群集體的方式，有組織有計劃的陸續分批進入埔里開墾。他們以「社」為單位，組成跨族群的開墾團隊，並且以「社」的名義參與鬮分墾成的土地，再將鬮分所得的土地分配給社眾。根據劉枝萬的研究，道光三年（1823）至道光十一年（1831）間的「分墾蛤美蘭鬮分名次總簿」（圖 2-13），從今日的角度視之，仍可看出當時平埔族群的分批遷移是有組織且分墾埔里

土地的過程也頗具規劃能力。依據古文書的資料顯示，平埔族人入墾埔里盆地時的「鬮分土地的方式」和「聚落的形成」有著密切的關係。〔註81〕

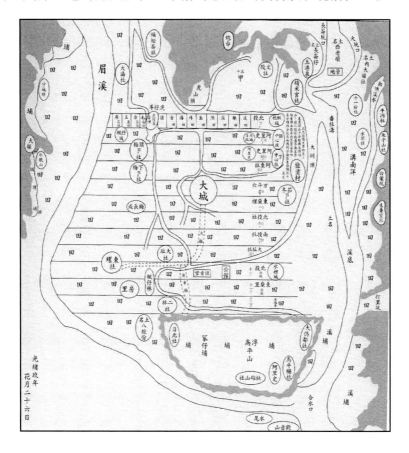

圖 2-13：分墾蛤美蘭鬮分名次總簿附圖

資料來源：簡史朗、曾品滄，《〈水沙連〉埔社古文書選輯》
（台北：國史館，2001），頁 43。

　　至於平埔族群最先來到墾居的地方為何？依鍾幼蘭及張隆志等學者的研究，在〈承管埔地合同約字〉上載有：「公議先到的番親愿踏出福鼎金現居宅地土園一所，不論先後來之番親，皆可在此築室居住，不得阻擋」〔註82〕；

〔註81〕簡史朗，〈西部平埔族群入墾埔里時之聚落形成〉，2008 年水沙年區域研究學術研討會──劉枝萬先生與水沙連區域研究（南投：國立暨南大學人類研究所，2008），頁 1。

〔註82〕簡史朗、曾品滄，《〈水沙連〉埔社古文書選輯》（台北：國史館，2001），頁 38～39。

在〈分墾蛤美蘭鬮分名次總簿〉上也明載：「至於此福鼎金公存社場宅地壹所，可以築室居住，毋許爭分你我之應份。」〔註83〕可見「福鼎金」（又稱覆鼎金，今杷城里鹽土與茄冬腳附近）是埔平埔族移墾埔里初期的基址。〔註84〕隨後陸續遷來者，其拓墾區域也隨之向外擴展，建立其他新的聚落，並往眉溪北岸之眉社番地推進，聚落之分佈才擴及整個埔里平原。（圖 2-14）

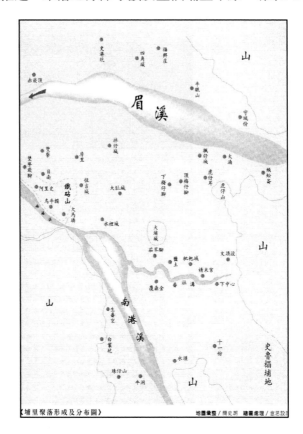

圖 2-14：埔里聚落形成及分布圖

資料來源：簡史朗、曾品滄，《〈水沙連〉埔社古文書選輯》

（台北：國史館，2001），頁 37。

由平埔族群在埔里的聚落分布足以看出移墾族群之間的互動關係。建立聚落的初期，主要考量因素是水源的取用及安全顧慮，所以拓墾時期須通力

〔註83〕同上註，頁 38～39。
〔註84〕清道光三年以前原是布農族系統蛤美蘭社（埔里社）的領域。王萬富、鄧相揚，《埔里采風》（南投：埔里鎮公所，1994），頁 62。

合作，因此以集村聚落爲主，番社人口的組合，已是非單一族群的新聚落。
洪敏麟認爲平埔族既是以「打里摺」番親的觀念合力開墾，入墾埔里初期的
聚落應該是以血緣、地緣相結合而形成的，隨著拓墾範圍擴大所形成的新聚
落，不同族群來源的混居情況便爲明顯。遷移初期所建立的聚落名稱多採用
原鄉舊社名，如大湳、烏牛欄、阿里史、大肚城、水裡城、日南、房里等等。
後來形成的聚落或族群混居情況較明顯的番社，則漸採新居地之地形或景觀
命名，例如牛眠山、蜈蚣崙、生番空、白葉坑、水頭等等。〔註 85〕此外，根
據張耀錡的研究，西部五平埔族群進入埔里的時間不僅只一次，其後各社更
有相繼而至者，即因漢人之侵佔與日俱增，西部各社益趨窮困，逃至此地的
族社陸續不絕。（表 2-4，表 2-5）

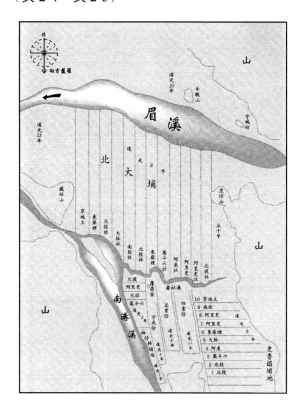

圖 2-15：平埔族群入墾埔里盆地的時間進程及圖分圖

資料來源：簡史朗、曾品滄，《〈水沙連〉埔社古文書選輯》，頁 37。

〔註85〕邱正略，〈清代台灣中部平埔族遷移埔里拓墾之研究〉（台中：東海大學歷史
　　　研究所碩士論文，1992），頁 176～177。

表 2-4：平埔族群進入埔里後形成的聚落分布

族　　別	聚　　落　　名
巴宰族	烏牛欄、大馬璘、阿里史、大湳、蜈蚣崙、牛眠山、楓仔城、鐵砧山
拍瀑拉	水裡城、生番空
巴布薩族	林仔城、下梅仔腳、興吉城
洪雅族	水頭、珠仔山、福興、十一份、中心仔、茄苳腳、鹽土、文頭股、五港泉、牛洞、九叢楓、桃米坑
道卡斯	房里、日南、雙寮、水尾、牛相觸、日北、下史港坑、頂梅仔腳、邵牛坑
洪雅族、巴布薩	白葉坑、枇杷城
拍瀑拉、巴布薩	大肚城
巴宰族、巴布薩	眉裡社
巴宰族、洪雅族、道卡斯族	守城份

資料來源：洪敏麟，〈住民志平埔族篇〉，《南投縣志稿（七）》（台北：成文出版社，1983），頁 25。

表 2-5：平埔族群進入埔里的時間及其形成的聚落分布

原社名	族群名稱	移入時間	居住部落
北投社	洪安雅族	道光三年	白葉坑、枇杷城等
南投社	洪安雅族	道光三年	水頭、牛洞
阿里史社	巴宰族	道光三年	阿里史、虎仔耳、楓仔城
烏牛欄社	巴宰族	道光三年	烏牛欄
雙寮社	道卡斯族	道光三年	雙寮
日北社	道卡斯族	道光三年	水尾城、日北、下史港坑
葫蘆墩社	巴宰族	道光五年	牛眠山
蔴薯舊社	巴宰族	道光五年	牛眠山
社寮角社	巴宰族	道光五年	牛眠山
山頂社	巴宰族	道光五年	守城份
大瑪璘社	巴宰族	道光五年	大瑪璘
東螺社	巴布薩族	道光九年	林仔城
阿束社	巴布薩族	道光九年	枇杷城
眉裏水社	巴布薩族	道光九年	下梅仔腳
水裡社	拍瀑拉族	道光十五年	水裡城

日南社	道卡斯族	道光十六年	日南
房里社	道卡斯族	道光廿四年	房裡
馬芝璘社	巴布薩族	道光末年	興吉城
貓羅社	巴布薩族	道光末年	文頭股、中心仔
斗六門社	洪安雅族	道光末年	鹽土、白葉坑
二林社	巴布薩族	道光末年	興吉城
大湳社	巴宰族	咸豐元年	大湳
水底寮社	巴宰族	咸豐元年	蜈蚣崙
大肚社	巴宰族	咸豐三年	大肚城、生番空
吞霄社	道卡斯族	咸豐十一年	八股
貓兒干社	洪安雅族	——	
大突社	洪安雅族	——	
大武郡社	洪安雅族	——	
柴仔坑社	巴布薩族		
半線社	巴布薩族		

資料來源：張耀錡編著，《台灣平埔族社名研究》（台北：南天出版社，2003），頁121～122。

四、巴宰族的落腳地

巴宰族群在埔里盆地的分布，根據衛惠林的田野查訪，提出巴宰五里七社的聚落分布（表 2-6，圖 2-15），[註86] 可分為烏牛欄社群及眉溪四庄聚落群，此兩大社群的分布地皆為岸裡大社所統轄的勢力範圍，其中烏牛欄台地上包括了樸仔籬社、大瑪璘社[註87] 及阿里史社；「眉溪四庄」則是位於眉溪流域的四社，包括牛眠山、守城、大湳、蜈蚣崙等社區。[註88] 有學者認為這兩大社群分別使用不同的語言：烏牛欄台地使用巴宰語（Pazeh），「眉溪四庄」，使用噶哈巫語（Kaxabu），且為此曾引發了族裔認同的問題。[註89] 但

[註86] 衛惠林，《埔里巴宰七社志》（台北：中研院族所，1981），頁 39。

[註87] 陳俊傑編，《埔里開發的故事——平埔族現況調查報告書》（南投：財團法人南投縣立文化基金會，1997），頁 31～33。

[註88] 「眉溪四庄」又被稱做是「四庄番」，位在埔里之北東向，眉溪中段之兩側，過了此地往東或往北，均是泰雅族之勢力範圍，也就是昔日所稱的致霧、安裡萬——兇悍的北番所在地，而在其西的眉溪下游，則是眉社泰雅人的原居地。林修澈，《巴宰族民族誌調查》（台北：行政院原住民族委員會，2007），頁 80。

[註89] 林修澈，《巴宰族民族誌調查》（台北：行政院原住民族委員會，2007），頁 99

不論如何，分布在埔里的平埔族群各聚落，不但分屬不同的系統，再加上漢人的不斷進入，不僅面對族群認同的問題，對於族群的傳統文化及語言的保存也面臨了極大的考驗。

表 2-6：埔里巴宰族社區人口來源與舊部落關係表

豐原舊部落系統	舊社土漢名對照	移住到埔里的新部落名	現在的里別、社區名
阿里史（Lalusai）	阿里史（Lalusai）	阿里史（Lalusai）	鐵山里
烏牛欄（Aoran）	烏牛欄（Aoran）		
岸裡大社（Lahodobool）	葫蘆墩（Fuluton） 岸東、岸西、岸南 蔴薯、蔴裡蘭	烏牛欄（Aoran）	愛蘭社區
大馬僯（Patakan）	大馬僯（patakan）	大馬僯（Patakan）	梅村社區
岸裡大社（Lahodobool）	葫蘆墩（Fuluton） 岸東、岸西、岸南 蔴薯、蔴裡蘭	牛眠山（Paiisia）	牛眠社區
樸仔籬（Poali）	社寮角（Varrai）		
岸裡大社（Lahodobool）	山頂	守城份（Pauvunun）	守城社區
樸仔籬（Poali）	大湳（Karehut）	大湳	大湳里
	水底寮（Varauit）	蜈蚣崙（Tauvin）	蜈蚣里

資料來源：衛惠林，《埔里巴宰七社志》，頁 39。

　　根據學者衛惠林的田野調查研究，烏牛欄台地是位於台中平原與水沙連區進入埔里盆地的交通要道，以台地上的領袖部落烏牛欄社而得名。部落的中心在今日的愛蘭教會會所門口的場地，亦即舊日烏牛欄部落會所及集會所。在烏牛欄社西南方的荒埔地上，是大瑪璘部落，自道光五年（1825 年）由東勢舊部落集體遷徙至此地，其所在地經「大瑪璘遺址」考古發掘證明早在 2300 年前即有史前人類居住，〔註90〕由其所使用的遺物發現與中部原住民各族的生活方式不同，足以證明其與巴宰族群是無關的。〔註91〕

　　～113。眉溪的噶哈巫意識非常強烈，1970 年代衛惠林教授埔里田調時即已對「巴宰族」及「噶哈巫族」作出區別。

〔註90〕日治初期日本學者鳥居龍藏在埔里進行調查時，在烏牛欄台地發現許多史前石器；日治末期，淺井惠倫等人對此一遺址進行初步的探勘與挖掘，結果屬二千三百七十年到一千七百年之間的新石器時代文化。據出土文物上研判與東部的史前文化較接近，由此可看出史前時期台灣族群的接觸與遷徙。陳柔森主編，葉婉奇譯，《重塑台灣平埔族圖像》（台北：原民文化，1999），74。

〔註91〕衛惠林，《埔里巴宰七社志》（台北：中央研究院民族研究所，1981），頁 18。

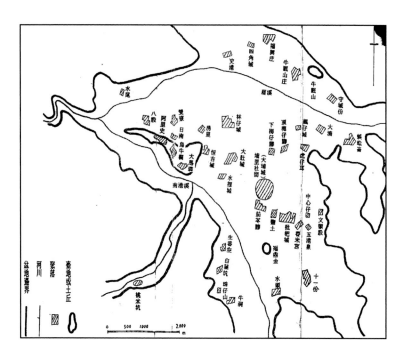

圖2-16：埔里盆地內平埔聚落的分布

資料來源：邱正略，〈清代台灣中部平埔族遷移埔里拓墾之研究〉
（台中：東海大學歷史研究所碩士論文，1992），頁422。

　　阿里史社在烏牛欄台地相對是比較複雜的，其位置在烏牛欄社東北，曾與道卡斯族的崁頂社相接，到日治時期兩社合併，據衛惠林及陳俊傑的埔里調查結果，早期阿里史社的巴宰族人戶數有三十一戶，後來以道卡斯族人居多，現在阿里史已非巴宰族聚落，〔註92〕其中顯要的世家大族是黃望家，即埔社頭人望麒麟的後代，而望家曾在清領時期由官府准其向埔里各社徵收番租，稱為「亢五租」〔註93〕的特權，而成為埔里的望族（圖2-17）。

〔註92〕陳俊傑編，《埔里開發的故事——平埔族現況調查報告書》（南投：財團法人南投縣立文化基金會，1997），頁31～33。劉還月，《尋找台灣平埔族》（台北：常民文化事業股份有限公司，1995），頁260～261。

〔註93〕清末，望麒麟是埔社的草地主，清光緒年間清政府明文規定望麒麟可以代表埔社向全埔里的佃戶收取埔地的租金，當然也可以向平埔族人徵收，稱為「番租」。而「亢五」就是零點零五的意思，零在福佬話的發音是「亢」，和「孔」的發音很近，亢五就是零點零五的租率，也就是每一石穀粟，收取五石做為租金。簡史朗、曾品滄，《【水沙連】埔社古文書選輯》（台北：國史館，2002），頁53～58。另關於亢五租的探討可參閱邱正略，〈清代台灣中部平埔族遷移埔里拓墾之研究〉（台中：東海大學歷史研究所碩士論文，1992），頁253～261。

〔註94〕阿里史的部落會所即在今日黃望家大門前廣場，後改爲西鎭堂。

圖 2-17：埔里鐵山里望麒麟家族宅第前院

攝於 2011.9.15

　　另巴宰族群在盆地東北區的眉溪兩岸，建有牛眠山、大湳、守城份及蜈
蚣崙四聚落群，被稱作「眉溪四庄」。牛眠山部落居於領袖地位，是眉溪四社
最西邊的社群，舊部落會所在今牛眠教會的左側。守城份部落在守城大圳堤
道之北，牛眠山之東北約半公里處，昔日在山坡險要處建有瞭望台，山腳下
則有數處的巡哨警戒線。每一瞭望台的四週砍去樹木，每一碉樓設置火槍緊
急時以烽火銅鑼爲連絡信號，四周土地則由屯丁分墾。大湳部落則是位於眉
溪南岸，背水而近埔里街，在今日大湳教會的右側是其舊日的社址（圖 2-18，
昔日可以說是漢化最早的開放性村庄。至於在眉溪四庄中，位置最東邊最爲
孤立的是蜈蚣崙，是最晚遷入也是最慢開發的地方。由於位於北番出沒之處，
直接與泰雅族眉原社隔眉溪南北相望，有蜈蚣嶺屏障，是往昔防守泰雅族出

〔註94〕在當時經常發生擋收和欠納元五租的情形，日治時代，傳望麒麟因收元五租
　　　而遭害。由於望麒麟生前無子，只有一女望阿參，於是生前好友黃利用將其
　　　兒子黃敦仁入贅望家，並取得望家承收元五租的權利，成爲後來阿里史地區
　　　最大家族的黃望家。黃大鏐是望麒麟的外孫，埔番的後裔，其古宅即座落在
　　　今愛蘭台地上鐵山里鐵山社區里民活動中心邊的三合院。陳俊傑編，《埔里開
　　　發的故事──平埔族現況調查報告書》（南投：財團法人南投縣立文化基金
　　　會，1997），頁 31～33。

草的險要位置，故其部落周圍有深溝高壘、碉樓及隘寮防番。

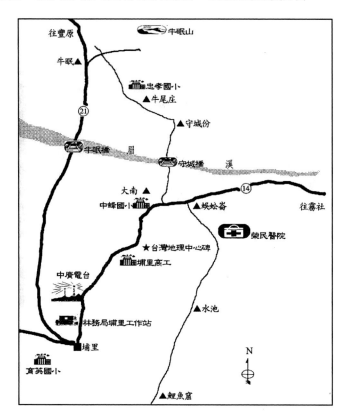

圖 2-18：埔里四庄番現址分布圖

資料來源：劉還月，《尋找台灣平埔族》

（台北：常民文化事業股份有限公司，1995），頁 238。

五、埔里族群關係的發展

　　道光年間平埔族群進入埔里，很有秩序地鬮分埔地，鑿圳犁耕，次第形成新的聚落。隨後生齒漸繁，其勢力幾乎壓倒原居住的埔、眉兩社，埔社族人從此退出隱沒。據根據劉枝萬研究指出中部平埔族以集團組織，大舉全群結隊地入埔墾殖，以優勢的人口及技術逐漸取代了埔社的地位，平埔族人儼然成為埔里盆地的新主人。〔註 95〕簡史朗提出相同的看法，他認為至少在道光三十年（1850 年）止，埔里盆地內大部分土地都已開墾殆盡，埔社族人只

〔註95〕劉枝萬，《南投縣沿革志開發稿篇（六）》（南投：南投縣文獻委員會，1958），頁 28～51。

能保有少數位於較偏僻地段的「生番股」土地，致使埔里盆地的土地幾乎淪於平埔族人的手中。〔註96〕咸豐年間埔里盆地中央卻漸次形成漢人聚落，漢人移入漸多，形成一條街肆，因為地近埔社番地舊址（現今枇杷、杷城里一帶），所以稱作「埔里社街」。其中泉州人來台時間最早，故居肥沃且有利的平原地帶，而漳州人及客家人則進入埔里盆地的平原區，少數的泉州人進入埔里街經商。〔註97〕光緒元年清廷實施「開山撫番」的政策，使得從前不准人民渡台及私人番境各條禁例全部開放，並將駐鹿港之「北路理番同知」改名為「中路撫民理番同知」移駐埔里社，正式成立「埔里社廳」（1875）。〔註98〕光緒四年（1878）興築「大埔城」，〔註99〕成為開山撫番的政治和軍事重地。清代的「理番政策」首要之務便是「開山撫番」，透過官方的力量有計畫的招募漢人來台開墾番地，逐步招撫未漢化的番人使其歸化，以清除內患。清廷對番民的教化非常重視，因此在埔里社廳設有「番塾」、義學等以教化原住民。清代的理番政策改變了埔里平埔族群原有的優勢地位，引進了大量漢人勢力，深深地影響日後埔里的社會變遷及族群間的互動關係。

〔註96〕簡史朗、曾品滄主編《【水沙連】埔社古文書輯》（台北：國史館，2002）導讀頁41～42。

〔註97〕謝繼昌，〈從埔番的式微來看台灣漢人的移民模式〉，中央研究院三民所叢刊8（台北：中研院三民所，1982），頁56～57。根據謝繼昌的研究發現，在十九世紀初期，嘉慶20年（1815）即有首批漢人來到埔里拓墾。原居西部平原的漢人，由於面臨人口壓力，及族群之間的分類械鬥，勢弱的族群自然只好遠走他鄉，而內山的埔里盆地自然是這些漢人拓墾的新天地。咸豐7年（1857），泉州人鄭勒先率眾進入埔里，以改姓名為平埔族名字──培奕（Uaiyek）取得族人信任，獲准經商，漢人遷入越來越多，隨後竟建立埔里街市，而清政府於光緒元年（1875），解除了漢人移墾埔里的禁令，漢人移入埔里，平埔族人實則無法阻擋，漢文化於是成為埔里的優勢文化。邱正略，〈清代台灣中部平埔族遷移埔里拓墾之研究〉（台中：東海大學歷史研究所碩士論文，1992），頁235～244。

〔註98〕其管轄的區域西至今雙冬火焰山，南至濁水溪上游今集集一帶，北港溪上游，東接內山。並派吳光亮督軍三營開山撫番，並設撫墾委員，籌措撫墾事宜。

〔註99〕為防範生番侵擾，遂奏准構築土城、衙署，並就埔里社屯兵，配以民伕構築完整的土垣，周圍以五百丈為率，號稱「大埔城」。城牆深一丈六、寬一丈，土牆外留地基數丈，密又環繞護城濠溝，並在東、西、南、北四方，各設城門，城外壕溝上各架一座吊橋，由衛卒輪流看守，日夜嚴防生番來襲及監視來往，自此埔里社廳官府衙署，與北路協鎮府，皆設在大埔城內。環城四週的大肚城、恆吉城、林仔城、枇杷城、四角城、守城等漢人附居的平埔族聚落，亦設有土垣，環植刺竹以防範番人。洪敏麟，《台灣地名沿革》（南投：台灣省政府新聞處，1979），頁84。

　　根據謝繼昌的研究，平埔族人雖然學會了漢人的農耕技術，但仍習於傳統的生活習性，農閒時便上山打獵，農作自然不比漢人積極勤奮，土地的經營很容易落入漢人之手，而招贅婚是漢人取得土地最快速的方法。〔註100〕陳俊傑的田野調查，也發現漢人以純熟的水稻植栽技術取得平埔族群的信任，再加上平埔族群較無金錢理財觀念，漢商很容易便誘其以田地典借，當其無力償還時便要求其所有田地來抵償，因此可以迅速從佃農身分轉而成為土地主人。他也從埔里田調的報導人中得知日治時代初期，平埔族的人口數雖是漢的兩倍以上，但事實上很多土地已是漢人所有，因此這也成為漢番之間彼此仇恨與互相競爭的關鍵。〔註101〕謝繼昌認為從咸豐七年（1857年）鄭勒先率福建漢人移入埔里起，漢人的語言、宗教和傳統知識變得越來越重要，漢人文化已逐漸同化了平埔族群的文化，〔註102〕，而自清末以來的開山撫番政策推行以來，閩粵漢人與客家裔漢人逐漸進入埔里盆地定居開墾，興修水利、興漢學設漢廟，平埔族人急速地漢化，在經濟利益盡失的情況下，平埔族群的傳統文化勢必消失，而漢人以人口及財力均佔有極大優勢姿態成為埔里盆地新主人，然而隨時間的遷移，「漢」「番」之間的互動與消長似乎成了另一個值得關注的課題。

〔註100〕謝繼昌，〈從埔番的式微來看台灣漢人的移民模式〉，《中央研究院三民所叢刊8》（台北：中研院三民所，1982），頁64。

〔註101〕陳俊傑編，《埔里開發的故事——平埔族現況調查報告書》（南投：財團法人南投縣立文化基金會，1997），頁15～19。

〔註102〕謝繼昌，〈從埔番的式微來看台灣漢人的移民模式〉，《中央研究院三民所叢刊8》（台北：中研院三民所，1982），頁64。

第三章 長老教會在埔里巴宰聚落的宣教

第一節 長老教會在台的宣教背景

十九世紀西方基督教展開海外宣教、推進現代化歷程的同時，注意到基督教的福音傳教工作，因此在 1840 年起，宣教師們在殖民背景下，如同浪潮般地湧向中國。宣教師認為自己是神的「僕人」和「使者」，在需要的地方尋找「宗教情感」，而且將自己獻身在這塊土地上。〔註 1〕英國與加拿大長會所展開的宣教工作，便是在這股宣教浪潮下發展出來的。

依據文獻記載，基督教傳入台灣的時間最早可追溯到十七世紀，隨著荷蘭及西班牙的統治而進入台灣。1624 年荷蘭人在大員（Tayouan，今台南安平港）登陸建立據點，為荷蘭東印度公司開拓另個貿易根據地，開啟與中國及日本通商貿易的大門，其中傳播基督教也是重要任務之一。1626 年西班牙的「天主教道明會」（Dominican Mission of Roman Catholic Church）及 1627 年與荷蘭『改革宗教會』（Dutch Reformed Church）宣教師分別抵台，荷蘭駐台第一位宣教師喬治・甘治士牧師（Rev. Georgius Candidius，1597～）特別深入原住民族的住居地對平埔族西拉雅族展開宣揚基督教的福音工作（附錄三）。〔註 2〕

〔註 1〕白尚德、鄭順德，《英國長老教會宣教師與臺灣原住民族的接觸 1865～1940》（台北：順益台灣原住民博物館，2004），頁 1。

〔註 2〕干治士生於德國，前往荷蘭研習學，1627 年被派往台灣傳教，成為第一位駐

　　根據林昌華的研究，荷蘭東印度公司最初統治的範圍是以台南嘉南平原為中心，住民除了漢人以外大多數是平埔族群當中的西拉雅族。〔註3〕在 1627年甘治士牧師來台前三年，已有四位的「疾病慰問使」來台服務，〔註4〕最早在「大員」（即今之台南），而後在淡水及雞籠活動，其主要任務是主持荷蘭人崇拜及牧養為主，由於職務及身份的關係，當時尚無法進入原住民部落進行宣教。1625 年來台灣宣教的荷蘭疾病慰問使是不具有牧師身份的，直到 1627年甘治士牧師（Rev. Georgius Candidius）才能為信徒施洗，且以新港地區為宣教範圍進行教學，希望能背誦祈禱文、回答相關的信仰教義，期使改變當地平埔族信仰，其所留存下來的居民生活習俗記錄，成為今日研究府城地區基督宣教的重要材料。〔註5〕

　　然而，根據干治士牧師《台灣略說》（A Short Description on Formosa）〔註6〕對西拉雅族人的描述，認為他們天性友善，忠誠親切外，傳統風俗習慣及

　　　台的荷蘭宣教師。曾以西拉雅族新港社為宣教中心，教化成人平埔族人，並介紹基督教信仰及刊行第一份外國人編著有關台灣及其居民的報告。林昌華，〈台灣改革宗教會的奠基者──甘治士牧師〉，《新使者》（台北：新使者雜誌社，2008），頁 35。

〔註3〕大員（今安平）之外，有新港社（在今台南縣新市鄉）、麻豆社（今台南縣麻豆鎮）、蕭壠社（在今台南縣佳里鎮）、目加溜灣社（在今台南縣安定鄉）、大目降社（在今台南縣新化鎮）及大武壠（今善化）等。而該地這些部落間經常會有互相結盟或攻殺掠奪，甚或援引外力以求自保，其中新港社與荷蘭東印度公司之間的密切互動關係，首位來台的宣教師進入新港社宣教後，更突顯了其在西拉雅族群中扮演重要的角色。康培德，〈紅毛先祖？新港社、荷蘭人的互動歷史與記憶〉，《台灣史研究》，第 15 卷第 3 期（台北：中央研究院台灣史研究所，2008），頁 4～7。

〔註4〕「疾病慰問使」（Ziekentrooster）是荷蘭改革宗教會制度中相當重要的職位，成員是尚未畢業的神學生，或是受過簡易神學訓練的平信徒。由於荷蘭改革宗教會牧師人數有限，不足以照顧到所有教會信徒，因此設立「疾病慰問使」，代替牧師在禮拜天念讀牧師所寫的講道篇。由於沒有牧師資格，因此不能主持洗禮和聖餐。當荷蘭開始海外擴張之後，每一艘船上都會派駐「疾病慰問使」，在船上主持禮拜、安慰病人，並為彌留中的人祈禱。林昌華，〈十七世紀台灣改革宗教會簡史〉，鄭仰恩主編，《台灣基督長老教會歷史教育手冊》（台北：使徒出版社，2010），頁 43～47。

〔註5〕梁志輝、鍾幼蘭，《台灣原住民史──平埔族史篇（中）》（南投：台灣省文獻委員會，2001），頁 69～70。

〔註6〕干治士牧師除了宣教工作外，著有《台灣略說》一書，對原住民的風俗、習慣以及宗教作一全面的描述，是瞭解早期台南一帶原住民生活狀況不可或缺的材料。

宗教信仰一直是宣教上的阻礙。西拉雅族的宗教信仰為多神信仰，多與產業、戰事及生殖有關，神職人員則是由女性擔任的尪姨來請神和獻祭，由於傳統禁忌多，缺乏統一的領導中心，所以宣教有其困難。林昌華牧師認為宣教師在原住民族及荷蘭東印度公司間扮演的角色可說是「多重邊際角色」，使得宣教師在台的宣教一直處於合作與衝突。〔註7〕這些來台灣的荷蘭宣教師一方面是上帝的使者，另一方面也是東印度公司治理台灣的有效代理人。因此，宣教師在「角色不清、政教不分」以及「並未釘根在台灣」的宣教環境下，宣教工作確實是困難重重，因此當荷蘭人退出台灣後，一直到馬雅各醫師來台重啟宣教之間，整整204年間，基督教竟然在台灣絕跡。〔註8〕

　　「長老教會」（Presbyterian churches）字義上來說是指由長老來治理的教會，其信仰起源可追溯到十六世紀宗教改革（Reformation）以後基督教會對於信仰與神學的觀點不同而產生許多不同的教會傳統，其中有以茲文理（Zwingli，1484～1531）與加爾文（John Calvin，1482～1546）在瑞士領導的宗教改革所形成的教會傳統。由於以追求「改革」聞名，故又稱為改革宗（Reformed　Church），但在蘇格蘭則依其教會組織特色而稱為長老宗（Persbyterianism），〔註9〕且以差派宣教師聞名，其信徒們皆對海外宣教事業極具熱忱，十九世紀中葉海外宣教的風潮，將長老教會帶至台灣。〔註10〕英國長老教會最早源起於「蘇格蘭長老會」（Church of Scotland），而後與「蘇格蘭自由長老教會」（Free Church of Scotland）結盟並堅守加爾文基本教義，成為日後台灣基督長老教會的信仰傳統。〔註11〕

〔註7〕　林昌華，〈殖民背景下的宣教——十七世紀荷蘭改革教會的宣教師與西拉雅族〉，潘英海、詹素娟主編《平埔研究論文集》（台北：中央研究院台灣史研究所籌備處，1995），頁351～362。

〔註8〕　台灣基督長老教會總會，《認識台灣基督長老教會》（台北：使徒出版社，2008），頁3。

〔註9〕　法國神學家加爾文於1536年在瑞士日內瓦進行教會改革，主張教會行政組織採用長老治會，其後在日內瓦的教會設有「長老議會」（Presbytery）的組織，其教團稱「歸正教會」（Reformed Church），初傳至荷蘭稱「改革宗教會」，而蘇格蘭則稱「長老宗教會」。至於「長老宗」此一名稱係加爾文門人諾克斯（John Knox）在蘇格蘭進行改革，根據加爾文的神學主張及規制從事宗教改革，其行政組織採「長老制」，而台灣基督長老教會即是英格蘭長老宗之系統，因此沿用「長老會」這一稱呼。董芳苑，〈台灣基督長老教會的認識〉，《宗教與文化》（台南：人光出版社，1994），頁115～116。

〔註10〕　林鴻信，《認識基督宗教》（台北：校園書房，1996），頁106～107。

〔註11〕　1853年在愛丁堡成立「蘇格蘭傳教輔助會」（Scottish Auxiliary of Mission）提

　　英國長老教會來華傳教的起始是福建的廈門及廣東的汕頭，西元 1807 年馬禮遜（Robert Morrison，1782～1834）受英國倫敦宣道會（London Missionary Society）差派，進入中國廣州進行宣教事工，成為第一位派駐中國的宣教師（圖 3-1）。〔註 12〕1830 年荷蘭宣道會的德國傳教士郭實獵（Karl Friedrich August Guetzlaff，1803～1851）〔註 13〕經由中國沿海前往天津、東北的時候，取道澎湖島進入台灣，並分發基督教宣傳單及聖經等，成為自荷蘭退出台灣後，首次進入台灣的基督教傳教士。〔註 14〕1847 年賓威廉（William Chalmers Burns，1815～1868）受聘為英國長老教會第一任海外宣道師前往中國（圖 3-2），先後在香港、廣州、上海、汕頭等地教傳長達二十年之久。〔註 15〕

供海外宣教經費，成為英國長老教會海外傳教的重要財力支柱。張妙娟，《開啟心眼──《台灣府城教會報》與長老教會的基督徒教育》（台南：人光出版社，2005），頁，28～29。賴永祥，《教會史話》，第三輯（台南：人光出版社，1990），頁 35～36。蘇格蘭長老教的信徒移民到美國及加拿大，成為其長老教會的起源。台灣基督長老教會是改革宗教派的教會，也繼承了改革宗傳統的重要歷史遺產，〈衛敏斯特信條〉是除了〈尼西亞信經〉、〈使徒信經〉之外，長老教會傳統的重要信仰文獻之一，〈信條〉是英國國會於 1643 年召集衛敏斯特會議所制定，每一字句都是經由自由公開的辯論，然後加以決定，且受到全英國的公認，是長老教會信徒重要的信仰參考。台灣基督長老教會總會，《認識台灣基督長老教會》，（台北：使徒出版社，2008），頁 21。

〔註 12〕馬禮遜（Robert Morrison）1782 年生於英國，1798 年加入英國基督長老會，1804 年向倫敦傳教會提出申請，成為該會宣教士，1807 年被按立為牧師，被派遣到中國宣教，成為第一位來華的傳教士。在中國宣教期間翻譯了第一本的中文版《聖經》，及編纂第一本的英漢字典《華英字典》。游紫玲，《平民階級中的英雄──馬禮遜》（台北：財團法人基督教宇宙光全人關懷機構，2006），頁 191～194。魏外揚，《中國教會的使徒行傳──來華宣教士列傳》（台北：財團法人基督教宇宙光全人關懷機構，2006），頁 12～21。

〔註 13〕賴永祥，〈沿海傳道家郭實臘〉，《教會史話》第一輯（台南：人光出版社，1990），頁 239～240。頁 247，253～254。

〔註 14〕台灣基督長老教會總會歷史委員會編，《台灣基督長老教會百年史》（台南：台灣教會公報社，1965），頁 3。

〔註 15〕賴永祥，〈英國長老會的宣道〉〈紀念賓威廉〉，《教會史話》第一輯（台南：人光出版社，1990），頁 247，253～254。

圖 3-1：1807 年第一位派駐中國的宣　　圖 3-2：第一任海外宣道師賓威廉
　　　　教師馬禮遜（Robert Morrison）　　　　　（William Chalmers Burns）

資料來源：游紫玲，《平民階級中的英雄　　資料來源：白尚德、鄭順德，《英國長
　　　　　　——馬禮遜》（台北：宇宙光　　　　　　　　老教會宣教師與臺灣原住
　　　　　　全人關懷機構，2006）。　　　　　　　　　民族的接觸 1865〜1940》。

　　1858 年清朝因敗於英法聯軍而被迫簽定天津條約，約中除規定台灣必須開放雞籠、滬尾、安平及打狗爲通商口岸外，也允許在租界內自由傳教。1860年英國長老教會駐廈門的宣教師杜嘉德（Carstairs Douglas，1830〜1877）和駐在汕頭的宣教師金輔爾（Rev. H.L. Mackenzie）在二位信徒陪同下，〔註16〕自廈門搭乘帆船「亞細亞」號（Barque Asia）到達淡水，同時在艋舺等地宣傳福音及分發聖經及基督教文書，他們遇到一些在廈門聽過福音的人對於勸善的宗教並不排斥，且發現當地可以用閩南語來溝通，因此杜嘉德牧師在日記上寫道：

　　　　這是一個不平常的現象，這裏仍舊通行著同樣的語言……因此，我
　　　　們耳中似乎聽到一種強烈的呼召：『到這裡來幫助我們』〔註17〕

　　經過杜嘉德牧師的報導及呼籲，英國長老教會果然著手計劃來台設立教區，於 1865 年差派蘇格蘭馬雅各醫師（James L. Maxwell，1836〜1921）來台，以台南爲中心，展開醫療與宣教的工作，馬雅各醫師成爲英國長老教會第一

〔註16〕魏外揚，《中國教會的使徒行傳——來華宣教士列傳》（台北：財團法人基督教宇宙光全人關懷機構，2006），頁 22〜29。
〔註17〕台灣基督長老教會總會歷史委員會編，《台灣基督長老教會百年史》（台南：台灣教會公報社，1965），頁 6〜8。

位派駐台灣的宣教師（圖 3-3，圖 3-4）。到府城後，打狗海關的長官 William Maxwell 好意幫忙，頂讓他位於看西街亭仔腳的一房子給他們作爲佈道所（圖 3-5、圖 3-6）。〔註18〕前半廳當佈道所，後廳則當醫館及藥局，6 月 16 日開始他的傳道醫療工作，一面行醫一面傳教，這是台灣首次引進西式現代醫療的紀錄。而這一天也成爲英國長老教會日後的「在台設教紀念日」。〔註19〕

圖 3-3：第一位派駐台灣的宣教師馬雅各

資料來源：黃茂卿，台灣基督長老教會太平境
　　　　　馬雅各紀念教會九十年史（1865～
　　　　　1955）（台南：台灣基督長老教會太
　　　　　平境馬雅各紀念教會，1988）封面。

圖 3-4：旗後教會的馬雅各
　　　　銅像

攝於 2009.10.20

〔註18〕 此處即現今台南市仁愛街 43 號的房屋，可說是台灣基督長老教會台灣宣教之發源地，也是全台第一所基督教會太平境教會的設址地，馬雅各醫師即與助手們開始傳道與醫療工作。1863 年馬雅各向海外宣道會申請，自願前往台灣當醫療宣教師。1864 年由杜嘉德牧師陪同抵廈門，並在當地積極地學習跟台灣通用的廈門話外，同時也在廈門參與當地的醫療傳道。同年 10 月 5 日杜嘉牧師及馬雅各醫生由僕人吳文水及兩位廈門信徒陳子路及黃嘉智陪同，搭帆船 Chusan 號抵打狗，隨後陪同考察將來的宣教區，在台期間先後走訪台灣府（台南），在城裏住一週後，回打狗（今高雄），也到了埤頭（鳳山）住一天。30 日返抵廈門。1865 年 5 月 27 日馬雅各醫生、杜嘉德牧師再度由三位助手陪同，自廈門搭乘輪船「META」號抵達打狗（高雄），在今高雄旗津港上岸。黃武東及徐謙信合編，賴永祥增訂，《台灣基督長老教會歷史年譜》，（台南：人光出版社，1995），頁 4～6。

〔註19〕 黃武東及徐謙信合編，賴永祥增訂，《台灣基督長老教會歷史年譜》，（台南：人光出版社，1995），頁 4～6。此日是全台灣第一間教會太平境教會設教紀念日，同時也是新樓醫院創設紀念日。

　　基督教被視作為西方殖民勢力的一部分，是一種「外來宗教」，台灣住民視基督徒為西方帝國主義的「同夥人」，這種「殖民情境」（colonial context）可說是台灣宣教場合中必須要去突破及克服的地方。〔註20〕馬雅各在台南看西街的醫療傳道工作，對當時民風保守的台灣社會來說引起了相當大的衝擊。李尚仁在《台灣醫療四百年》中提到，馬雅各醫師在當地透過外科手術，免費為病患進行醫療服務，因而吸引不少病患；看診前會先行禮拜儀式，為病人禱告，接著替病患診斷施藥，同時便會宣講基督救世的福音，勸人信教。由於神奇的醫術及治療空間布滿了宗教訊息，當地人易誤解為是傳教士借助神力來進行治療。因此謠言四起，指控馬雅各施行法術、挖人心肝、內臟及眼睛來煉製藥物及鴉片，導致民眾包圍攻擊診所及傳教士。〔註21〕馬雅各面對人民的敵視憤慨，不得已搬離府城，結束二十四天的醫療傳道，遷至打狗旗後，繼續其醫療傳道工作，其中禮拜堂兼醫館，成為台灣第一間的禮拜堂，名為「耶穌聖教」。（圖3-7、圖3-8），而其醫館可說是台灣第一所的西式醫院。〔註22〕

圖3-5：台南看西街教會

說明：1865年6月16日馬雅各最早在台醫
　　　療宣教的地點即是今日和平街看西
　　　街教會的原址。　　攝於2010.3.12

**圖3-6：看西街教會為基督福
音起源**

〔註20〕鄭仰恩，《定根台灣本土的台灣基督教》（台南：人光出版社，2005），頁2。
〔註21〕李尚仁，〈謠言疑雲與帝國夾縫間〉，《台灣醫療四百年》（台北：經典雜誌，2006），頁52～56。
〔註22〕台灣教會公報社編，《限地醫生──周瑞醫師傳記》（台南：台灣教會公報社，2008），頁11。

　　1866 年 6 月英國長老教會派駐廈門的宣爲霖牧師（Rev.W.S. Swanson）來
台協助馬雅各醫師醫療宣教，並爲四位信徒施洗。〔註 23〕1868 年馬雅各再度
回到台南府城，李庥牧師則在旗後、鳳山及阿里港及附近各鄉庄傳教，並建
立了十多間教會。〔註 24〕

圖 3-7：旗後教會現址（已改建）　　圖 3-8：建於 1935 年的旗後教會

攝於 2009.10.15　　資料來源：台灣教會公報社編，《限地醫生
　　　　　　　　　　　　　　——周瑞醫師傳記》（台南：台
　　　　　　　　　　　　　　灣教會公報社，2008），頁 11。

　　馬雅各回到府城後，曾在太平境教會設教繼續醫療傳教，於二老口典租
了一間大厝作爲醫館、禮拜堂及起居間，稱爲「舊樓」（圖 3-9），當地人稱之
爲「許厝」（位於今台南市盲啞學校博愛堂附近，此即台南新樓醫院前身），

〔註 23〕由於馬雅各醫師非牧師，施洗及聖餐要牧師來主持，1866 年 8 月 12 日是台灣
　　　　史上第一次的聖餐禮，而這四位台灣最早的受洗信徒是高長、陳齊、陳清和、
　　　　陳圍。黃武東及徐謙信合編，賴永祥增訂，《台灣基督長老教會歷史年譜》（台
　　　　南：人光出版社，1995），頁 6。
〔註 24〕台灣基督長老教會總會歷史委員會編，《台灣基督長老教會百年史》（台南：
　　　　台灣基督長老教會，2000），頁 469～471。

並在亭子腳租屋當福音堂，繼續醫療宣教工作，1902年改建新堂（圖3-10），1953年另行改建為現址教堂。

圖3-9：二老口醫館，稱「舊樓」　　圖3-10：1902年建造的太平境教會

資料來源：郭乃惇，《基督教初傳台灣》　　資料來源：《南部基督長老教會教七十
　　　　　（高雄：雅各出版社，2009）　　　　　　　週年紀念寫真帖》（台南：
　　　　　無頁碼。　　　　　　　　　　　　　　　教會公報社，2004）

　　加拿大長老教會本源於英國蘇格蘭長老教會，於1861年定名為加拿大長老教會。並於1872年派遣偕叡理牧師（George Leslle Mackay，1844～1901），也稱為馬偕牧師，為首任的海外宣教師。英國長老教會早在廈門、汕頭及台灣南部開拓宣教，依合作原則，馬偕選擇到台灣。1872年初抵打狗（即高雄），隨後到台南與英國長老教會宣教師李庥牧師同處，並學習台灣話。由於開港通商後，台灣政經重心由南而北，台灣北部的新興城市及人口的增長，使得馬偕決定選擇北部為其宣教的中心，3月7日與李庥牧師、德馬太醫師（Dr. Matthew Dickson）一同前往台灣北部視察，最後抱著「不在基督的名被稱過的地方傳福音」的開拓精神，選擇滬尾為其傳教中心，而這一天也成為北部設教紀念日，〔註25〕其後與李庥牧師約定以大甲溪以北區域為加拿大長老教會宣教區，以南則為英國長老教會宣教區。〔註26〕

〔註25〕鄭仰恩，《定根台灣本土的台灣基督教》（台南：人光出版社，2005），頁6。
〔註26〕董芳苑，〈啟蒙台灣社會現代化的外來宗教——台灣基督長老教會〉，《台灣文獻》第52卷第4期（南投：台灣省文獻委員會，2001），頁7～25。

　　偕牧師雖非正式的醫師，但卻是一個非常有實效的醫療宣教者，〔註27〕在《來自遙遠的福福爾摩沙》（From Far Formosa）這樣記載：「許多人得到醫治，更多人得以減輕痛苦，這樣的服務讓他們對宣教有一個更寬容的態度。許多人接受了信仰，他們的模範也在親友之間流傳。」由上段文字可看出馬偕在醫療宣教與福音信仰的關係，而且其宣教模式注重實效，他清楚表明來台灣的目的是宣揚福音，強調「就破除偏見和消除敵視而言，拔牙比任何其他方法都更有效」、「到全世界每一個地方，向所有的人宣揚福音」（圖3-11）。

圖3-11：馬偕與信徒為人拔牙

　　1880年馬偕創設『滬尾偕醫館』（由底特律馬偕船長的遺孀為紀念其夫之捐款所建），成為北台灣最早的西式醫院。馬偕宣教的策略是透過不斷旅行，認識台灣本地的風土民情，他認為要完成宣教使命，必須採取適用不同處境的方法，在某一地區合理且有效的方法，在另一個地方可能是無用的。因此他很早就提出了「本地化」原則，強調認同本地人的生活方式，以「本地宣教人才」（native ministry）為主體建立一個「自給自養」的教會（self-supporting church）。〔註28〕1885年5月17日封立嚴清華及陳火（即陳榮輝）為牧師，嚴清華成為台灣北部第一位信徒，也是北部第一位的本地籍傳道人（牧師）。

〔註27〕他無論到何處，都是帶著專門醫治虐疾的特效藥——「白藥水」（奎寧劑加檸檬汁）以及拔牙的鉗子。他的拔牙技術高超，據他自稱常在不到一小時內拔取一百顆牙，並在1873〜1893的二十年間拔取了二萬一千個以上的牙。鄭仰恩，《定根台灣本土的台灣基督教》（台南：人光出版社，2005），頁6〜7。
〔註28〕同上，頁10〜11。

馬偕自己不僅娶了台北五股坑女子張聰明爲妻，（圖3-12）死後埋骨於淡水台灣人墓園，這足以表現他與台灣這片土地合而爲一的理想。

圖3-12：馬偕牧師及三名子女全家福

資料來源：偕叡理（著）。林晚生（譯），《福爾摩沙紀事——馬偕台灣回憶錄》
（台北：前衛出版社，2007）

　　北部長老教會首設教會於淡水（圖3-13），第一間禮拜堂是在五股坑，興建以前有人造謠說是要建砲台，艋舺官府查無實證，而後獻堂典禮，百餘人加入教會。偕牧師宣教之初雖受到許多的猜忌及攻擊，1872年5月25日仍收了嚴清華、吳寬裕、王長水、林杯及林孽等五人爲門人，1873年2月9日爲五人行洗禮，成爲首批北部長老教會的基督徒，他們一面行醫拔牙，一面傳道。1884年法國攻打台灣，當地住民認爲基督教徒通敵，開始拆毀教堂、掠殺信徒，禮拜堂被毀七間，有些教堂甚至地基石塊被挖除（圖3-14）。〔註29〕面對如此困境，馬偕仍透過尖塔式的教堂建築風格打破本地人對風水的迷信，『焚而不燬』的精神正足以說明他在本地宣教的決心（圖3-15，圖3-16，圖3-17）。〔註30〕

〔註29〕鄭仰恩，《定根台灣本土的台灣基督教》（台南：人光出版社，2005），頁57。
〔註30〕偕叡理（著）。林晚生（譯），《福爾摩沙紀事（From Far Formosa）——馬偕台灣回憶錄》（台北：前衛出版社，2007），頁190～191。

圖 3-13：淡水教會　　　　圖 3-14：早期以石砌造的新店教會

資料來源：傅朝卿，《日治時期台灣建築──1895～1945》（台北：大地地理，1999），
　　　　　頁 137。

資料來源：偕叡理（著），林晚生（譯），《福爾摩沙紀事──馬偕台灣回憶錄》
　　　　　（台北：前衛出版社，2007），頁 189。

圖 3-15：松山（錫口）　　圖 3-16：大龍峒教會　　圖 3-17：艋舺教會
　　　　　教會

資料來源：李政隆，《台灣基督教史》（台北：天恩出版社，2001），頁 67～68。

　　長老教會自始即是以「醫療宣教」爲主軸而展開的。馬雅各醫術高明，求醫者眾，根據馬雅各的「遠心宣教法」，台南府城及打狗是他南部重要的宣教中心，〔註 31〕近從府城周邊山區和內山諸社，北至嘉義、岩前（台南縣白河鎮），更遠的從中部的大社、烏牛欄等地前來就醫。〔註 32〕然而馬雅各在台宣教並不順利，因此他將宣教的觸角伸向平埔部落，自 1870 年起，馬雅各、李麻牧師及甘爲霖牧師前往平埔族群中傳教，南部的木柵（高雄縣內門鄉木柵村）、崗仔林（台南縣左鎮鄉崗林村）、拔馬（左鎮鄉左鎮村）、柑仔林（高雄縣內門鄉永興村）等地是西拉雅族群聚集的地方，建立教會史上所謂的「府城東方山崗教會」，中部地區則以巴宰族群爲主的岸裡大社、內社、埔里社及烏牛欄社等地建立教會，這些教區的平埔教會，後來成爲駐在台灣府的宣教師們的主要工作對象及範圍。〔註 33〕

　　初代的宣教師們將福音傳入平埔族群間，除了醫療宣教能獲得信賴外，英國商人必麒麟（W. A. Pickering）〔註 34〕（圖 3-18）的引介有極大的關係。1865 年馬雅各與必麒麟前往府城周邊的平埔西拉雅族新港社訪問，進入崗仔林（今台南新市）並爲他們施藥、醫治虐疾，馬雅各及必麒麟一行人被視爲早期荷蘭殖民時代「紅毛親戚」而受到崗仔林平埔族人的歡迎接納，〔註 35〕而這次的平埔經驗也使得馬雅各心生向平埔族進行醫療宣教的念頭。

〔註 31〕「遠心宣教法」，即選一個或數個中心，以此爲據點傳播福音，但不超過此中心的影響範圍。

〔註 32〕黃茂卿，《台灣基督長老教會太平境馬雅各紀念教會九十年史》（台南：台灣基督長老教會太平境馬雅各紀念教會，1988），頁 49～60。

〔註 33〕台灣基督長老教會總會歷史委員會編，《台灣基督長老教會百年史》（台南：台灣基督長老教會，2000），頁 20～21。台灣基督長老教會總會，《認識台灣基督長老教會》（台北：使徒出版社，2008），頁 1～5。董芳苑，《宗教與文化》（台南：人光出版社，1989），頁 105～107。

〔註 34〕必麒麟，蘇格蘭人，在英國東印度公司擔任水手多年後，1862 年進入中國海關，1864 年由打狗海關稅務司 William Maxwell 遴選來台，歷經打狗海關官員、安平海關負責人、英國天利行（Messrs McPhail & Co）台灣府分店店長，及 1867 年進入英國怡記洋行（Messrs Elles & Co），1868 年成爲樟腦事件的主角，1870 經法國返國。必麒麟在台灣期間除了處理商務外，最重要的是他引導外國宣教師進入到平埔聚落，使台灣平埔族群接受基督宗教，從此改變了他們漢化及傳統文化消失的命運。必麒麟（W A Pickering）著《歷險福爾摩沙》（Pioneering In Formosa）（台北：原民文化事業股份有限公司），頁 21。

〔註 35〕必麒麟（W A Pickering）著《歷險福爾摩沙》（Pioneering In Formosa）（台北：原民文化事業股份有限公司），頁 25～133。

圖 3-18：英商必麒麟

資料來源：必麒麟（W. A. Pickering）
　　　　　著《歷險福爾摩沙》
　　　　　（Pioneering In Formosa）
　　　　　（台北：原民文化事業股
　　　　　份有限公司），頁 21。

圖 3-19：盧嘉敏醫生

資料來源：打必里・大宇牧師，《巴
　　　　　宰王國——岸裡社潘家
　　　　　興衰史》（台中：潘啟南
　　　　　派下家族，1999），頁
　　　　　145。

　　1888 年英國長老教會宣道會差派盧嘉敏醫生（Dr. Gavin Russel，1866～
1892）來台灣從事醫療宣教工作（圖 3-19），1890 年與甘為霖牧師到彰化地區
視察，深知中部地區需有一座醫療宣教的基地，於是在大社教會開設大社醫
館，成為中部第一間醫院，很快受到平埔巴宰族人及中部住民的信任，後來
甚至在彰化總爺街（今成功路）成立巡迴醫療站（大社醫館為彰化基督教醫
院的前身）。根據《教會公報》記載：醫館只開設一個月，即已經有近百人前
來就診，有的不只一次，病人來自四處，有的走很遠的路來就醫。另有資料
顯示，單就 1890 年的八個月間，就診人數已達 13,847 人，足見大社地區醫療
工作的盛況。〔註36〕盧嘉敏於 1892 年不幸患染傷寒過世，但他開啟台灣中部
西式醫療之門，成為台灣中部醫療宣教的先驅，不僅使巴宰族人即早接受西
方醫療的成果，也是帶領平埔族人改信基督教的重要助力。繼盧嘉敏在台灣
中部醫療傳教的是 1895 年來台的蘭大衛醫師（David Landsborough，1870～
1957）（圖 3-20）與梅監霧牧師（Campbell N. Moody，1865～1940）（圖 3-21），
〔註37〕然而醫館要設在大社、鹿港或彰化，無法立刻做決定，結果自 1896 年

〔註36〕吳學明，〈終戰前台灣基督長老教會的醫療傳教——以南部教會為中心〉，《台
　　　　灣基督長老教會研究》（台北：基督教宇宙光全人關懷機構，2006），頁 46。
〔註37〕資料來源：陳美玲，《蘭大衛醫生與百年醫療宣教史》（彰化：彰化基督教醫

11月29日起，蘭、梅兩人就以新興且較繁榮的貿易、行政中心彰化為醫療工作的主要據點，並借用彰化禮拜堂為診療所，並以例行性的醫療宣教模式兼顧大社的工作（圖3-22）。〔註38〕中部的醫療傳教自此進入新的里程，到大戰結束前，「彰基」在中部地區的醫療宣教扮演非常重要的角色。

圖 3-20：蘭大衛醫師　　　　　　圖 3-21：梅監霧牧師

圖 3-22：畫家黃英一所繪「切膚之愛」。

資料來源：林治平主編，《「馬禮遜入華宣教二百年」歷史圖片
巡迴展導覽手冊》，頁 123。

〔註38〕 院，2000），頁 24。
該地可說是僅次於府城的「副宣教中心」，而該日成為彰化基督教醫院的創設
紀念日。鄭仰恩，〈台灣教會醫療史中道德觀的演變〉，《道雜誌》，第 23 期（台
北：台灣神學雜誌社，2004），頁 38。1928 年蘭醫師以其夫人的右大腿的皮
膚移植在幼童周金耀右腿的創口部位，以具體行動表現「切膚之愛」深感人
心。黃茂卿，台灣基督長老教會太平境馬雅各紀念教會九十年史（1865～1955）
（台南：台灣基督長老教會太平境馬雅各紀念教會，1988），頁 8～11。

第二節　巴宰族群的宗教信仰演變

　　巴宰族人中的烏牛欄社遷至埔里盆地的台地上，即後來所稱的烏牛欄台地（愛蘭台地），1871 在英國宣教士的協助下建立了基督教的禮拜堂，成爲埔里基督教福音的發源地。而基督教福音進入中部地區後，建立的第一間教堂位於今日豐原大社教會，一個以巴宰族人爲主體的平埔族教會。隨著長老教會的醫療宣教將基督教帶進入埔里盆地，改變了當地巴宰族人的傳統文化及信仰，而基督教信仰在愛蘭巴宰部落發展的歷史，應可說明當地漢番不同族群的文化生活變遷。

　　張隆志認爲清代漢人移墾中部的過程中，其民間信仰、社會組織已逐漸移入岸裡社群中，〔註39〕巴宰族群的社會變遷中也展現出早期漢人經驗的拓墾性格。〔註40〕衛惠林在《埔里巴宰七社志》的研究，巴宰族群在清末其宗教信仰變遷的同時，從其過年祭儀與喪葬儀禮，以至其地方巫術的遺存，都能探索其舊日的原始宗教觀念及禮儀習慣。〔註41〕李亦園認爲平埔族人所信仰的超自然力可分爲神祇、靈魂及精靈；平埔族人相信靈魂不滅，〔註42〕有善靈與惡靈之分，善靈即祖靈，爲一切祭祀的對象。惡靈則在人間作祟，爲一切疾病的源頭。在漢人文化尚未移入前，巴宰族人的原始宗教信仰也是以靈魂信仰爲基礎，有自己的神祇、祭儀及巫術。據洪秀桂對南投巴宰族宗教信仰的研究，巴宰族的神靈信仰現殘存的有番神（apu dadawan）是巴宰族人

〔註39〕 大社在台中縣神岡鄉（今行政區劃爲台中市神岡區）清代屬於巴宰族岸裡社的活動範圍，是平埔族群的聚落。由於十八世紀以來，巴宰族以岸裡社群爲主力，故稱「岸裡大社」，日治後改稱「大社」，1945 年以後劃爲「大社村」及「岸裡村」。大社聚落的形成，最早是在清康熙年間，巴宰族中蔴薯舊社的移民，由於岸裡大社的社民協助清政府平定「番害」及地方民變，屢建奇功，於是受到清朝官方賜土封爵，並賜漢姓「潘」，因此早期人口的組成是以平埔族潘姓居民爲主，日治前後非潘姓漢人居民移入漸多。洪麗完，〈大社聚落的形成與變遷（1715～1945）：兼論外來文化對岸裡大社的影響〉，《台灣史研究》，第 3 卷第 1 期（台北：中央研究院台灣史研究所籌備處，1996），頁 33。

〔註40〕 岸裡大社在未受到大量漢人文化影響之前，此處原有自己的原始祖靈信仰及本身的神祇、祭儀、巫術等，十八世紀清康、雍年間漢人移民大量進入後，族人漸漸放掉自己的宗教信仰，改信漢人的民間信仰，巴宰族群的社會文化變遷呈現出多元的面向。張隆志，《族群關係與鄉村台灣》（台北：台灣大學出版委員會出版，1991），頁 156～157。

〔註41〕 衛惠林，《埔里巴宰七社志》（台北：中研院民族所，1981），頁 121。

〔註42〕 李亦園，《台灣土著民族的社會與文化》（台北：聯經出版社，1982），頁 66～67。

的最高神，其次始祖或番祖（bana kaisi，sabun kaisi）、水神（apu mao）、火神（apu kaiteh）及露水神（apu maikadamul）。然而，這些殘存的原有神祇的祭祀僅限於信奉漢人民間宗教信仰的巴宰族人，他們並沒有爲這些神祇另行安排特定的時間或地點進行祭祀或供奉，而是將漢人的民間宗教信仰融合在自己的祭儀中。即使巴宰族人與漢人的民間信仰雖皆屬多神信仰，但若因其性質不同或是漢人社會中並無此神時，便會被遺忘，後來基督教傳入部落中來，這種情況更顯嚴重。〔註43〕

　　在中部平埔族各番社中巴宰族人的巫術以「法術高強」著稱。巴宰族人（散毛番）〔註44〕泛稱巫術爲 katuxu，一般都與「番婆鬼」（makui）連結，依其善行及惡行分爲白與黑兩類巫術。〔註45〕衛惠林與洪秀桂在巴宰人的住居地調查的結果，當地確實有少數女巫存在，只是已經不行法術很久了，在調查中也發現，信仰漢人民間宗教的巴宰族人對番婆鬼的傳說故事堅信不移外，即使是信奉基督教的巴宰族人也非常相信他們自己的巫術具有無比的力量，由此可看 katuxu 在巴宰族人心目中的地位。類似「番婆鬼」女巫施法的故事在烏牛欄、守城份及蜈蚣崙等聚落都有相關的傳說。已故巴宰族後裔潘榮章長老說，對老一輩的埔里人來說，「番婆鬼」女巫可說是令人聞之色變的代名詞。守城份的潘永歷認爲「番婆鬼」都有飛天、隱身的本領，只要唸準了咒語，便可以變爲怪物，而「眉溪四庄番」的族名「噶哈巫」（Kahabu）是泰雅族語，意思是「平地人」，除此之外，還有「法術高強者」之意，潘永歷曾碰過一位泰雅族人，當知道潘永歷是來自於「四庄番」後，很快便消失不見了，這足以說明當地居民對「番婆鬼」的一種敬畏。〔註46〕

〔註43〕洪秀桂，〈南投巴宰海人的宗教信仰〉，《台大文史哲學報》，第22期（台北：台大文學院，1973），頁457～460。

〔註44〕散毛番即指巴宰族，因爲古代巴宰族人常將自己的頭髮任意散落長披於雙肩上，因而得名。

〔註45〕巴宰族的巫師，男女皆有，並非只有巫婆，唯女性學巫術在比例上常佔多數而已。「番婆鬼或番婆咒」是巴宰族人的古老巫術。白巫術可替人消災解厄，甚至解除黑巫師的咒語；黑巫術則是用於戰爭上，讓敵人喪失戰鬥能力或置敵於死地，但後來發展出飛行、換眼、偷魂及變影等令人顫慄的幻術。不論番婆鬼的法術多高強，只要作法害人，一定會絕後，一輩子窮困。衛惠林，《埔里巴宰七社志》（台北：中研院民族所，1981），頁121～124。洪秀桂，〈南投巴宰海人的宗教信仰〉，《台大文史哲學報》22期（台北：1973），頁457～460。

〔註46〕陳俊傑，《埔里開發的故事——平埔族現況調查報告》（南投：財團法人南投縣文化基金會，1999），頁25。

除了原始宗教和巫術外，巴宰族人的歲時祭儀如農曆六、七月間的「嘗新祭」〔註47〕及農曆十一月「牽田、走鏢」的過年祭祖，也是重要的傳統祭典文化。「嘗新祭」雖早已廢棄，而過年的祭祖儀式「牽田、走鏢」並未因漢化及基督信仰而被遺忘，反而成為維繫愛蘭平埔族人情感及文化認同的標記。

牽田是埔里盆地巴宰族人很重要的傳統祭典，中部其他平埔族人如道卡斯族、巴布薩族、拍瀑拉族及洪安雅族也都有相同的習俗，而埔里盆地巴宰族人的牽田儀式最盛大且完整。林修澈《巴宰族民族誌調查》一書指出，衛惠林在1969年在埔里的田調結果，發現巴宰族人的歲時祭儀，並未受漢化影響，其中一項就是過年祭祖的儀式——「牽田、走鏢」。〔註48〕人類學者李亦園認為「牽田、走鏢」同是中部五個平埔族群聚落祭祖靈的一項重要儀式，其中走鏢可視作是「賽跑型的祖靈祭」。據衛惠林、林修澈的田野調查，牽田儀式從每年農曆十一月十日起一連九天，前三天是準備期，十三或十四日則是「捕大魚」，以供牽田時祭祖用。十四日晚上牽田及夜祭正式展開。待月亮昇起後，族長率領族人祭拜祖先，眾人圍在祭品邊，唱起「挨央 A-yan」祭祖

〔註47〕小米至六、七月間成熟，此時舉行收獲、開倉、入倉、祭祖等儀式，黃叔璥的《番俗六考》中記載：每年以黍熟時為節，先期定日，今『麻達』於高處傳呼，約期會頌，男女著新衣，連手塌地，歡呼嗚嗚。《台灣內山番地風俗圖》中記載：每歲收粟時，通社歡飲，男女雜坐地上，酌以木瓢、椰碗，互相酬酢；不醉不止。其交好親密者，取酒灌之，流溢滿地，以為快樂。儀式多半是在農曆六月廿九日至七月一日之間舉行，主要舉行作向（迎祖靈歸家的儀式）、走鏢及牽田三種宗教儀式。

〔註48〕林修澈，《巴宰族民族誌調查》（台北：行政院原住民委員會，2007），頁24。衛惠林，《埔里巴宰七社志》（台北：中研院民族所，1981），頁121～124。據鄧相揚的研究，巴宰族人在新年祭祖之前，由聚落頭人分配儀禮工作：女子開始釀酒製糕，族中男子到溪中作堰捕魚回聚落，將魚獲多者連簍掛在會所，儀式結束後，將剩下的小魚放回溪中，以便繁殖更多小魚，由此可看出平埔族人與大自然和平共存生的觀念。十四日晚上則是進行祖儀式，全聚落各戶人家將祭品放置在會所祭場以各宗族系統祖厝為中心，攜一木皿倒置，作為祖靈受祭靈位，然後各親族由族長領導祭祀祖靈，而此時廣場中央燃燒薪火，然後由頭人帶領合唱「挨央 A-yan」祭祖歌，全社族人攜手輪舞，此即為「牽田」。巴宰族人每年此刻藉由吟唱「挨央 A-yan」祖靈歌和「牽田」的輪舞，與祖靈交通，表達對祖靈庇祐的豐收與豐獵。鄧相揚，〈挨央牽田——埔里平埔族群巴宰海族人過年的習俗〉，《山海文化雙月刊》，第5期（台北：山海文化雜誌社，1994），頁58～59。李展平，〈牽田走鏢祭祖慶豐收〉〈埃淵——巴宰海人最後祭歌〉，《尋訪台灣生命原鄉》（台北：聯經出版事業公司，2000），頁153～161。

歌（附錄四），以示不忘祖靈，不忘其民族根源的象徵意義。十五日早上族中男子到聚落鳴鑼報新，族中青年則聚集在會所前舉行「走鏢」〔註49〕的儀式，參與賽跑比賽的青少年獲得優勝後，不僅可以成爲族中好漢，也可獲得少女青睞，更是日後取得長老地位的基石，整個走鏢活動不僅是烏牛欄社的重要儀式，且會邀請「眉溪四庄番」的同族村落的人共讓盛舉。儀式在巴宰族人中具備豐富經驗的老獵人帶領下以集體狩獵的方式爲活動劃下完美句點。由此可知平埔族群對自己的傳統宗教信仰文化是如此的看重，且認爲是民族命脈的延續。

巴宰族人與漢人的互動關係密切，因此漢人的宗教信仰、漢式的日常生活等風俗習慣漸取代了巴宰族人傳統祖靈信仰。嘉慶十三年（1808）二月，「岸裡社建福醮，舉行二朝祈安大拜拜，並請正一玄門，同時戒壇供養，諄囑頂禮，越三晝夜，迎水陸燈，其科儀無不盡同漢人」。〔註50〕神岡鄉岸裡大社村的岸興宮土地祠，供奉福德正神；社南村的萬興宮奉祀媽祖，其中也供奉了通事張達京的長生祿位。道光三年起平埔族人入埔，將原居地的漢人信仰也帶進了埔里的各社群聚落，成爲新居地的信仰。

平埔族人在入埔之前即有一定程度上的「漢化」現象，〔註51〕大部分的平埔村落都建有神廟，其中受漢人祖先的崇拜的影響，一樣拜公媽牌，祭拜媽祖、太子爺、土地公及王爺等。同治十年（1871）大肚城庄、房裡庄、枇

〔註49〕農曆十一月十五日清晨族男子便到聚落鳴鑼報新，族中青年則聚集在會所前，舉行賽跑儀式，全程五公里，以烏牛欄會所爲起點，埔里巴宰族七社烏牛欄、大馬璘、阿里史、牛眠山、大湳、守城份及蜈蚣等地，最後返回烏牛欄會所。據陳俊傑的田野調查，埔里走鏢的路線是以烏牛欄做起點，路經恆宮、大肚城、梅仔腳、虎仔耳、大湳，過了眉溪、進入守城份、牛眠山後再過眉溪到達林仔城、紅瓦厝，最後回到烏牛欄。其競跑的範圍是全埔里的平埔族中最大的。陳俊傑，《埔里開發的故事——平埔族現況調查報告》（南投：財團法人南投縣文化基金會，1999），頁25。鄧相揚，〈挨央牽田——埔里平埔族群巴宰海族人過年的習俗〉，《山海文化雙月刊》，第5期（台北：山海文化雜誌社，1994），頁58～59。
〔註50〕陳炎正，《台中縣岸裡社開發史》（台中：台中縣立文化中心，1986），頁90。
〔註51〕衛惠林《埔里巴宰七社志》中指出，巴宰族的嗣系結構已有若干偏父系的傾向，且開山始祖都是男性。衛惠林，《埔里巴宰七社志》（台北：中研院民族所，1981），頁121。陳炎正《台中縣岸裡社開發史》記載漢人吳子光在道光至咸豐末年間，於巴宰族岸裡社勸番社設社學（即文英社，後稱文英書院）教化社民。陳炎正，《台中縣岸裡社開發史》（台中：台中縣立文化中心，1986），頁90。

杷城及牛眠山庄等社人共同捐資在大肚城興建「恆吉宮」，並前往彰化南瑤宮迎媽祖佛身供奉，做為平埔族人的安護神，其後不分漢人及平埔族均向媽祖祈拜，成為埔里地區重要的民間信仰。

圖3-23：番大祖一　　　　　　　　圖3-24：番大祖二

說明：「番大祖」是由巴宰族信仰的最高神祇 Apudadawan 轉化而來。番大祖是埔
　　　里蜈蚣崙聚落的守護神。從另一個角度看類似於漢式神像，是各平埔族族
　　　群的傳統信仰中，唯一轉化為偶像者。
資料來源：陳俊傑，《埔里開發的故事——平埔族現況調查報導》，頁50。陸傳傑，
　　　《裨海紀遊新注》（台北：大地地理出版事業股份有限公司，2001），
　　　頁78。

　　早期巴宰族人唯一祭祀的神祇番神（apu dadawan），俗稱番太祖（圖3-23，圖3-24），是巴宰族人的最高神祇，在巴宰族人漢化後，仍繼續膜拜，但是在神形的外觀上似乎增添了不少漢人神明的想像，也就是番祖外披漢式戰甲，頭戴清官帽，手拿長大刀，臉部容貌很明顯是巴宰族人的表徵，後來成為全村的公神，並以漢人卜爐的宗教儀式，讓全村人輪流供奉，現僅限於蜈蚣崙地區。〔註52〕

〔註52〕蜈蚣崙位於埔里東北方，與山區的泰雅族人接境，是埔里平埔族「抗拒凶番
　　　出草」的前線。根據報導人的描述早期因為巴宰族人來得較晚，在其他平埔
　　　族人中相對處於弱勢，因此決定採開技散葉的策略，以便能有更多的生存繁

　　在埔里巴宰族社群的神廟中，較常見到的是土地公廟，雖然這些漢廟的規模不大，但都有一共同的表徵：都建在每一村社的每一個交通要道出入口，而且廟口總是面對著進口要道，正如大小城市的關卡守望岡哨一般，一個村人出入，包括外來者，都必要先面對廟中的土地神。如此的表現，可解釋平埔族初遷入埔社新地，對「生番」嗜殺的恐懼仍有疑慮，希能以土地神來保護，去除一切的厄運；另外，土地使用權、居住權的相連結，生命禮俗及經濟財富的來源，都與土地公的祭祀有密切的關聯。此外，愛蘭台地上的阿里史社除了保有原始的宗教信仰外，也供奉土地公，「西鎮堂」則供奉齊天大聖；大瑪璘社的「醒靈寺」、牛眠山的「恆山宮」祭祀關聖帝君。在一般人的家中也都供奉漢人繪有神明的畫像，一如漢人舉行各項歲時祭儀，同時也加入由漢人所組成的神明會，〔註53〕學漢人談風水與因果關係，由這些例子皆可看出漢人信仰對巴宰族人文化信仰的影響深遠。

　　巴宰族人在與漢人長期接觸後，日常語言、生活習慣、宗教信仰及價值觀念漸有明顯的改變，清同治年間巴宰族人在台南府城接受基督教信仰。漢人李豹傳道師、李麻牧師、甘爲霖牧師及馬偕牧師先後到埔里烏牛欄傳教，並且協助建立教堂。1877 年（光緒三年）台灣道夏獻綸〈戡查中路埔里各社等籌辦事宜〉中指出：『埔社先有教堂三處，洋人時往游歷；從教者俱係毛番（散毛番），有六百餘名。此外，漢民、屯番尚無入其教者。』〔註54〕其中「散

衍的機會。由於蜈蚣崙、牛眠、守城份及大湳的族人爲避免生番出草，於是在四周建起「望寮」，並在四周種有刺的竹圍，並用藤繫上竹罐，綁在刺竹上以作爲警示。而番太祖曾於泰雅族人入侵攻擊巴宰族人時，化身爲大將模樣，與其他神明一起擊退泰雅族，而巴宰族人重此爲太祖塑像，成爲歷代供奉的神祇。陳俊傑認爲番太祖的故事應是在巴宰族人漢化之後編造出來的神話傳說，目的是要對抗鄰近的「凶番」。由於番祖的信仰已與漢人民間信仰相同，在基督教傳入「四庄番」後，大部份的族已改信耶穌基督，但只有蜈蚣崙地方的村落仍繼續供奉，因爲「番太祖」曾保護他們免受「番害」。據調查結果，蜈蚣崙社仍有虔誠的基督徒家庭，顯然與衛惠林先前的調查結果「全村已沒有信仰長老教會的信徒了」有明顯的差別。陳俊傑，《埔里開發的故事──平埔族現況調查報導》，頁 50～59。陸傳傑，《禪海紀遊新注》（台北：大地地理出版事業股份有限公司，2001），頁 78～80。

〔註53〕洪秀桂，〈南投巴宰海人的宗教信仰〉，《台大文史哲學報》，22 期（台北：台大文學院，1973），頁 485～496。

〔註54〕邱正略〈清代台灣中部平埔族遷移埔里拓墾之研究〉（台中：東海大學歷史研究所碩士論文，1992），頁 266，286。夏獻綸，〈戡查中路埔里各社等籌辦事宜〉，《劉銘傳撫台前後檔案》（台灣文獻叢刊第 276 種，台灣銀行經濟研室，

毛番」指的是巴宰族,而「三處教堂」分別是1871年(同治十年)成立的烏
牛欄教會及1873年(同治十二年)的大湳(圖3-25)及牛眠山(圖3-26)三
所基督教會。大社、烏牛欄、大湳及牛眠山,再加上位於苗栗三義的內社教
會(即鯉魚潭教會)〔註55〕(圖3-27),此五間教會成爲中部基督教會基石,
同時也是日後巴宰族人聚會活動、文化發展的中心(附錄五)。

圖3-25:大湳教會　　　　　　　圖3-26:牛眠教會
攝於 2009.8.26　　　　　　　　攝於 2009.8.26

1960),頁16。

〔註55〕苗栗鯉魚潭教會建堂於1871年底,在1910年前被稱作內社(Taba)長老教
會。「內社」巴宰語爲Ta-ba,意即葫蘆,因爲爬藤類植物,生性堅韌,巴宰
族人以此取名,類比本族人對外在環境適應力強。內社教會原是南部教會所
設立,是最北邊的教會,1910年南北議定教界後,將內社教會列爲北部教會,
之後始稱鯉魚潭教會,是英國長老教會宣教師在台灣中部所建立的最早的教
會之一。潘稀祺,《台灣盲人教育之父──甘爲霖博士傳》(台南:人光出版
社,)頁29。苗栗台灣基督長老會鯉魚潭教會,〈鯉魚潭教會簡史〉,《台灣基
督長老教會鯉魚潭(內社)教會設教130週年紀念特刊》(苗栗:台灣基督長
老教會鯉魚潭教會,2002),頁1~3。

圖 3-27：苗栗鯉魚潭長老教會

攝於 2009.9.10

巴宰族人是如何再次改變自己的信仰，換句話說為什麼要接受基督教的信仰？這是個令人好奇的問題，但本文的主旨並非是要去深入探討巴宰族改宗的議題，而是希望藉由巴宰族人的基督信仰，瞭解長老教會對平埔族群的影響，進而對現今台灣平埔族基督教信仰有更深一層的認識。

張隆志認為，同治末年基督教傳入巴宰族，與康熙後期漢人通事張達京進入岸裡社之方式類似，均是憑藉醫療治病之途徑獲得社民的信任，進而引介新的文化經驗。〔註 56〕清咸豐年間，英國基督教長老教會差派馬雅各醫師來台，透過醫療宣教將基督教福音傳入台灣社會。宣教初期，不被漢人社會接受，進而轉向長期面對漢人優勢文化壓迫下的平埔族群。

巴宰族人在接受基督教之前，英國基督長老教會來台宣教才不到十年的光景，岸裡社人對此一宗教應不會有太深入的認識，因此若以基督教的醫療宣教，即可促使大社教會的成立，甚至巴宰族群集體改宗信奉基督教，似乎理由不夠充分。因此，岸裡社巴宰族的集體改信基督教，或許仍有其他層面的因素。據陳梅卿的研究，平埔族群長期與漢人相處，土地被漢人所奪，生活經濟困難，而經過長期的漢化，宗教信仰對象漸多，對新事物觀念較易接受，因此對基督教的傳道自然不排斥。〔註 57〕再者，村民的入信是村中地域共同體的事務，無個人選擇的自由，頭人決定入信，全村入信。不過徐大智

〔註 56〕 張隆志，《族群關係與鄉村台灣》（台北：台灣大學出版委員會出版，1991），頁 165。

〔註 57〕 陳梅卿，《宜蘭縣基督教傳教史》（宜蘭：宜蘭縣政府，2000），頁 15，23～24。

指出，一百多年來受漢人信仰影響的巴宰族群，在同治年間基督教傳入後，只因為一個醫療個案，就能造成社群的集體改宗，其所隱含的理由並不單純。他認為巴宰族人初始於選擇改信基督教，潘開山武干的醫療事件，可說是一個開端，其背後的動機則在於信仰基督教可能帶來族人們現實生活的實際利益，同時也提供長期在漢人社會的競爭下，處於弱勢的族人們重建自信的管道。〔註58〕邵式柏（J. Shepherd）在其對噶瑪蘭族宗教信仰變遷的研究中指出，基督教可以作為一種意識型態來對抗強勢漢人族群的壓力，〔註59〕洪秀桂在其〈南投巴宰海人的宗教信仰〉一文中則認為，相對於漢人對巴宰族人的欺壓，基督教牧師對巴宰族人多以同情、關心，並提供了醫療救助等生活上的實質助力。另據洪麗完的研究發現，若就巴宰族群本身在面對外來文化時，在文化接觸與互動過程中所展現出來的主動性及選擇性的族群性格，其未必會全然被融入主流的漢文化中，據此推估，要接受一個不是很熟悉的外來宗教，便不是不可能了。〔註60〕此外，巴宰族人原有的信仰並非偶像崇拜，其最高的番神（apu dadawan）是看不見的神靈，這皆與基督教的不崇拜偶像、敬拜無形的上帝是一樣的，從這點看來，或許可以解釋巴宰族人接受基督教的眾多原因之一。〔註61〕

就上列論點而言，基督教的信仰在巴宰族群中，似乎成為一種實質利益的交換，正如同邱正略所說，「平埔族的漢化是有選擇性，即使是不可選擇，也未見其排斥或抵制的反應，因此漢化是一個適應時代變遷所進行的一種調適及改正的過程，是漸認同於漢生活方式及價值觀」〔註62〕。就文化復振的觀點來看，巴宰族人的改信基督教或許也是在調適外在的環境變化，避免其傳統文化快速流失所做的另一選擇。一般認為，基督教信仰減緩了巴宰族群

〔註58〕徐大智，〈戰後台灣平埔研究與族群文化復振運動——以噶瑪蘭、巴宰族、西拉雅族為中心〉（桃園：國立中央大學歷史研究所碩士論文，2004），頁79～81。

〔註59〕陳志榮，〈噶瑪蘭人的宗教變遷〉，潘英海、詹素娟編《平埔族研究論文集》（台北：中研院台灣史研究所籌備處，1995），頁79。

〔註60〕洪麗完，〈大社聚落的形成與變遷（1715～1945）：兼論外來文化對岸裡大社的影響〉，《台灣史研究》，第3卷第1期（台北：中央研究院台灣史研究所籌備處，1996），頁33。

〔註61〕洪秀桂，〈南投巴宰海人的宗教信仰〉，《台大文史哲學報》22期（台北：1973），頁470～471。

〔註62〕邱正略〈清代台灣中部平埔族遷移埔里拓墾之研究〉（台中：東海大學歷史研究所碩士論文，1992），頁264。

漢化的腳步，在教會組織的維繫下，語言以白話字保存，音樂及祭祖文告以聖詩歌的形態出現，無疑保存了傳統文化，但在社會變遷及漢文化不斷侵入的情況下，巴宰族群的語言及文化都在快速地消逝中，但徐大智認為在漢人仍佔優勢的社會下，巴宰族群雖難保傳統文化繼續式微或失傳，但可以確信的是，巴宰族人的自我族群意識及認同一樣會延續下去。〔註63〕

第三節　烏牛欄禮拜堂的建立

　　埔里的巴宰族群，長期受漢文化的影響，無形中喪失了自己原有的文化傳統，在多重的因素下，巴宰族人接受了基督教信仰，建立烏牛欄禮拜堂，成為族人的信仰中心，減緩了其漢化的腳步，凝聚了族群認同的共識。烏牛欄禮拜堂（埔里愛蘭教會）（圖3-28）對巴宰族群的文化發展來說具有相當的意義，因此本節將就烏牛欄禮拜的建立時間、背景及關鍵人物做一探究，以瞭解這間教會發展的重要歷程。

圖 3-28：埔里愛蘭長老教會

攝於 2010.8.23

〔註63〕徐大智，〈戰後台灣平埔研究與族群文化復振運動——以噶瑪蘭、巴宰族、西拉雅族為中心〉（桃園：國立中央大學歷史研究所碩士論文，2004），頁80。

「烏牛欄」Au-ran 是巴宰語，意為「蕃茄」，﹝註64﹞「烏牛欄」是巴宰族
群中的一個社群，原分布在今台中豐原市周圍的丘陵、平原一帶，與岸裡社
的關係密切，主要以務農為生。由於漢人的優勢及壓迫等諸多原因，清道光
年間中部平埔族陸續移遷入埔里，烏牛欄社也由頭人潘開山武干帶入埔里拓
墾，聚落主要分布在今愛蘭台地上。位於今日南投縣埔里鎮愛蘭台地上的烏
牛欄教會即今日的愛蘭教會，信眾多以平埔族中的巴宰族人（Pazeh）為主。
設教時間始於 1871 年（清同治 10 年），距今已有 140 年的歷史，這座歷史悠
久的基督教會——愛蘭長老教會，原名稱作「烏牛欄禮拜堂」，是英國基督長
老教會台南教士會派李庥牧師（Hugh Ritchie，1840～1879）到烏牛欄社興建
的禮拜堂，並請到宣教師甘為霖（William Camrpbell，1841～1921）前來佈教，
埔里地區因此成為中部基督教福音的策源地，而西方基督教文化的傳入，與
本地漢人、平埔族群豐富的文化內涵相結合，更能彰顯埔里地區的多元色彩。

基督教在台灣傳福音的歷史，不只是教會本身的歷史，更與當地的文化、
教育、社會、政治、經濟、醫療、各方面息息相關，可說是台灣史相當重要
的一環，而其中的台灣醫療史，可說是基督教在台灣的宣教史，因此有人形
容：「英國宣教師一手提著裝滿藥品和手術器材的醫務箱，另一手帶著聖經，
他們踏入南瀛大地，不但醫肉體，也拯救靈命。」﹝註65﹞

十九世紀中期英國基督教宣教師以醫療宣揚福音，促使台灣接觸到現代
醫學。教會主要目標雖然是傳教，但他們也同時為台灣人的醫療及健康服務，
更重要的是他們介紹及引進了現代醫學，對台灣醫學貢獻很多。﹝註66﹞而首
位來台宣教的馬雅各醫師，在他來台醫療宣教的第二年（1866 年），曾自打狗
寫信給英國宣教會，表明他對醫療宣教的看法：

> 自甘為霖牧師離去後，我步入醫療宣教工作的另一階段，相信我們
> 宣教委員會的弟兄常常記得的是醫療工作與宣揚福音的事結合為
> 一，那正是我的工作。我因著上帝的恩典，完成宣教師的使命。我
> 開設了一間醫館，使它與宣教連結。醫館正好設在禮拜堂對面，……。

彰化基督教醫院院長蘭大弼醫師也曾說過：「傳道醫師們在台灣人中間醫

﹝註64﹞潘稀祺，《台灣盲人教育之父——甘為霖博士傳》（台南：人光出版社，2004），
　　　　頁31。
﹝註65﹞涂叔君，《南瀛教會誌》，（台南：台南縣政府，2004），頁6。
﹝註66﹞朱真一，〈第一位來台灣服務的歐美醫師：Dr James L Maxwell（馬雅各）醫
　　　　生〉，《台灣醫界》，第50期，2009），頁45。

治疾病，成爲他們全球醫療慈善教育福音政策的一部分，馬雅各醫師是一個典型的例子。」〔註67〕由此可知，台灣的基督教發展可說是從醫療宣教開始。由於台灣社會長期以漢人宗教信仰爲主，對於基督教的教理及其宗教儀式無法接受，1868 年樟腦事件及傳教問題，清政府再度與英國發生衝突，〔註68〕但樟腦事件也是長老教會在台灣發展的另一個新契機。〔註69〕英商必麒麟（William A. Pickering）（圖 3-29）成爲馬雅各進一步認識平埔族社會的重要媒介，透過他的引介使基督教進入中部巴宰族部落，成爲中部大社、內社、埔里烏牛欄設教的濫觴。

巴宰族裔集體入信基督教，陸續設大社、鯉魚潭（內社）、愛蘭（烏牛欄）、大湳、牛眠等教會，至今都已有一百四十年的歷史。至於這段幾乎舉族集體入信的過程，根據收集到的資料顯示，是以埔里烏牛欄的潘開山武干受槍傷爲近因，當時這種傷勢不易治療，由於女婿潘純熙（圖 3-30）在大社與英國樟腦商人必麒麟熟識，在必麒麟的引介下到台南府城就醫，受到馬雅各的醫療宣教，並帶回基督教信仰，是基督教進入中部大社、埔社等的遠因。

〔註67〕潘稀祺，〈從台灣醫療宣教史看埔基〉，蔡三雄主編，《偏遠地區醫療宣教學術研討會論文集》（南投：埔里基督教醫院，2004），頁 23。

〔註68〕台灣基督長老教會總會歷史委員會編《台灣基督長老教會百年史》（台南：台灣教會公報社，1965），頁 12。蔡蔚群，《教案：清季台灣的傳教與外交》（台北：博揚文化事業有限公司，2000），頁 71～82。

〔註69〕樟腦在台灣早期社會是極具經濟價值產業，清廷將之列爲專賣，但外商則認爲樟腦的買賣是合法生意。英商怡記洋行的經理必麒麟（William A Pickering）擅自到非條約港梧棲收購樟腦，又爲避免繳稅，企圖由台中港出口，被查獲沒收。而此時發生一連串的教堂被焚燬，教徒被毆及殺害等教案，英國派艦隊砲擊安平港，後在雙方達成協議的情形下，事件結束。1868 年底，清與英領事成協議，其中關於長老教會的財產賠償及嚴懲兇手外，最重要的是「承認傳教師在台灣各地有傳教居住權」及「凡華洋糾紛應由中英二國共同裁判」等項。台灣基督長老教會總會歷史委員會編《台灣基督長老教會百年史》（台南：台灣教會公報社，1965），頁 12。台灣省文獻會《台灣省通志稿》卷三〈政事志外事篇〉（南投：台灣省文獻會，1995），頁 129～130。蔡蔚群，《教案：清季台灣的傳教與外交》（台北：博揚文化事業有限公司，2000），頁 71～82，106～175。必麒麟（William A Pickering）原著，陳逸君譯，《歷險福爾摩沙》（台北：原民文化事業有限公司，1999），頁 212～229。

圖 3-29：必麒麟

資料來源：必麒麟著《歷險福爾摩
　　　　　沙》，頁 21。

圖 3-30：大社——潘純熙

資料來源：《南部台灣基督長老教
　　　　　會設教七十週年紀念寫
　　　　　真帖》（台南：教會公報
　　　　　社，1935）。

　　埔里烏牛欄社人潘開山武干是巴宰族人接受基督教信仰的關鍵人物。在
〈大社教會設教 110 週年紀念冊〉沿革紀錄有相關記載：

> 潘開山武干者自葫蘆墩附近原名十八靈魂〔註70〕的地方攜眷移往烏
> 牛欄埔里愛蘭居住，以務農為生。有一天上山打獵不慎遭槍彈打傷，
> 傷勢嚴重醫治無效，而想到外地求醫。路經大社其女婿潘純熙之家
> 暫住，幸得大社潘茅格排踏介紹台南府城一位英人馬醫生醫術高
> 明，則至台南府看西街馬醫生處就醫。在治療中喜得真理，並要求
> 馬醫生准李豹傳道師一同前往大社報福音……，〔註71〕

〔註70〕 此地因為分派系，互相仇殺，而人心惶惶，當時有十八義士，隨同愛犬一隻，
挺身深入敵地倡和，予設宴，女廚師備宴，被犬騷擾，罵說——戀狗，知吃
不知走，其中一人機智即說要去放屎，由溝邊逃走，此後才有「放屎溝」之
名。十七義士並愛犬一隻，被不聽勸的暴民慘殺，壯烈成仁之事蹟，感動雙
方和平相處，而集葬遺骸在一起，立有十八靈魂公祠，即現今舊稱翁仔社的
地方，在圓環東路豐勢路一帶，縣立文化中心前水源路 680 巷 10 號左邊立有
十八靈魂公祠為中心。潘萬益，〈烏牛欄（愛蘭）教會沿革〉（台中：岸裡大
社，1998），潘萬益長老親手稿。

〔註71〕 潘銘哲編，《台灣基督長老教會大社教會設教 110 週年紀念冊》（豐原：大社
教會，1981 年），頁 2。

大社教會潘萬益長老〈烏牛欄（愛蘭）教會沿革〉手稿也寫道：

> 道光五年（1825）居住葫蘆墩（豐原市）十八靈魂，有首領潘開山
> 武干攜眷約 700 名，移居埔里烏牛欄開墾經農。同治六年（1867）
> 英商必麒麟來大社探購樟腦，而認識大社巴宰族人，成為好友。同
> 治八年（1869）大社族人到府城辦公務，投宿必麒麟洋行，患病者
> 被帶至馬雅各醫館診治，聽道理，購聖詩回大社，渴望傳道先生來
> 大社開講道會。同治九年（1870）潘開山武干因槍傷到府城馬雅各
> 醫館就醫，後蒙多人祈禱、聽道信主重生，且關心族人的靈魂得救，
> 請求馬雅各派李豹傳道師來大社……。〔註72〕

由前述內容可瞭解基督教信仰進入埔里烏牛欄是藉著醫療宣教，若以人
物及時空背景來分析，馬雅各、必麒麟、乃至潘開山武干都是巴宰族人改信
基督的重要關鍵人物，其中潘開山武干被認為是埔里最早的基督教信徒，也
是首位長老。潘勝輝在《愛蘭教會設教百週年紀念冊》中〈懷念祖先〉一文
中寫道：

> 主後 1871 年，祖父開山武干射擊不慎重傷，……由英國馬醫生醫
> 治，病癒得救，返回愛蘭從事傳福音工作，因他為人信實，眾所皆
> 歡，故搭一茅屋為眾會所，此乃青年團契所築的慕祖亭，為福音的
> 發祥地，嗣後信徒日益增加，傳遍牛眠山、守城份、大湳、大城、
> 白葉坑、埔里及北山坑等地。〔註73〕

根據現今愛蘭教會所留下前人對烏牛欄設教的歷史回顧，〔註74〕都稱潘
開山武干是烏牛欄第一位基督教信徒；「因為開山一人的緣故，烏牛欄教會成
立」，〔註75〕賴永祥在《教會史話》中引述〈台南教會報〉第272期的報導說：
『這位執事的父親到府城醫治得道理，返來埔社勸導厝內厝邊親戚，從他一

〔註72〕潘萬益，〈烏牛欄（愛蘭）教會沿革〉未刊稿，（台中：大社教會，1998）。

〔註73〕潘勝輝，〈懷念祖先〉，《愛蘭教會設教百週年紀念冊》（南投：台灣基督長老
教會愛蘭教會，1971）（手稿原件）。

〔註74〕愛蘭教會陳清恩牧師口述教會歷史外，筆者所收集的資料中，《愛蘭教會設教
百週年紀念冊》中不論是〈愛蘭（烏牛欄）教會簡史〉或〈烏牛欄（愛蘭）
教會沿革〉都稱潘開山武干是埔里的最早基督教信徒。

〔註75〕賴永祥，〈烏牛欄潘開山武干〉，《教會史話》第三輯（台南：台灣教公報社，
1995），頁 7～8。君乃開山，是潘開山武干的兒子，巴宰族的名制是「子連親
名制」，因此開山武干之子女名第二段會是開山。他的兒子君乃開山在烏牛欄
教會任執事十八年，1907 年過世。

人起，今有八百人聽道了。』由此可見，埔里巴宰族人信仰基督教，潘開山武干扮演了關鍵角色。

若以宗教信仰的角度來探討基督教傳入巴宰族群，甘爲霖牧師在其所著《台灣佈教之成功》書中記載的內容，就難免透露出基督信仰上屬靈的色彩：

> 「埔社住民開山，有親戚住於大社。他前來接受馬雅各醫生的高明醫療；對他肉體的痛苦要醫治並無困難，但要與此位偶像信仰者談起另一種病症（another disease）就需要不同的方式了（in a very different manner）。他感覺興趣，爲他也熱烈祈禱，而不到 3 個月，天光和平就臨到他的靈了。當他返北之后，就立即向他朋友鄰人宣傳他新發現的寶貝：他傳開神的話，他本人雖然不是學者，但有人爲他講解難讀漢字，也協助翻譯若干福音小冊；而這些小冊被大家讀了再讀了。開山也說明了讚美神的方法，告訴大家相聚敬拜並不需在人面前有「聖物」（sacred object，偶像、聖具）。於是在埔社發生了新現象。在此處彼處有人放棄拜偶像之慣習，念起若干極簡單的聖詩，甚至在一村社計劃要有每週的基督徒禮拜。如此運動在進行，由此位誠實單純的人（指開山）的影響，至少有成人 30 名以上在等待神的意志要充滿在他們身上了。〔註76〕

「在治療中喜得眞理」、「信主重生」及「靈魂得救」正是基督教的信仰核心的所在，1870 年潘開山武干接受馬雅各醫生治療，「喜得眞理」是基督教進入埔里的遠因，與大社教會的設教更是息息相關（圖 3-31）。〔註77〕潘德成撰〈教會的來歷——彰化縣〉記載：

> 1870 年英人必麒麟（William A. Pickering）設商館於大甲，與總通

〔註76〕甘爲霖著，陳復國譯，《台灣佈教之成功》（台南：教會公報出版社，2007），頁 192～199。

〔註77〕1871 年大社教會最早的禮拜堂是在潘交根阿打歪的宅第（台中縣神岡鄉大社村豐社路 20 巷 7 號），烏牛欄族人潘開山武干在台南醫館接受治療後，馬醫生就決定派傳道師到埔社，但因路途艱難，所以先請傳道師李豹到大社，在潘交根阿打歪的住宅向大社族人傳講道理。1871 年是大社設教的紀念日，岸裡大社創設禮拜堂（耶穌聖教會），從此就結束暫用潘交根阿打歪的厝做禮拜，遷到正式的禮拜堂（台中縣神岡鄉大社村豐社路 76 巷 26 號），就是現在禮拜堂的地址。第二次禮拜堂建於 1935 年大地震災後（1937 年 6 月 2 日獻堂），第三次在設教 100 周年（1971 年 10 月 25 日獻堂）。潘銘哲編，《台灣基督長老教會大社教會設教 110 週年紀念冊》（豐原：大社教會，1981 年），頁 2。

事潘國恩（岸裡社第 20 代通事，1863～1881 年間在任）結交，並雇用岸裡大社 2 青年來傳遞信件（郵差）。大社青年到府城，有機會到醫館聽道理，返社時也就帶回「新約」散本及「養心神詩」，並告訴社民府城有新的道理及高明的醫生（指馬雅各）。〔註78〕

　中部巴宰族社群能夠接受長老教會與岸裡大社第 21 任通事潘國恩（任期自 1863 至 1881 年）的支持有密切的關係。自潘國恩以來，通事家人已陸續進入長老教會，對教會的擴展具相當的影響力。第 22 任通事潘隆德（任期自 1881 至 1891 年）、第 23 任通事潘永安（圖 3-32）（任期自 1891 至 1896 年）均熱心教會事務。〔註79〕此外，平埔族在未受外來政治力統治前之政治組織，乃以部落為單位之長老政治制為特色。從衛惠林的研究中可以看出部落組織及其權力制度的分配是息息相關的，〔註80〕巴宰族部落公務組織雖自清初時已是歸化土番的形制，即使受到漢化影響而有所不同，但部落社會的遺習在清朝末年依舊發揮功用，直到日治初期基本結構都並無太大的改變。因此對部落中各項由長老、會所及族長會議所做的決定是必須服從的，正因為此種部落社會遺習，對長老教會在巴宰族群中的傳播產生了巨大的影響。〔註81〕

〔註78〕 賴永祥，〈福音傳到台灣中部〉，《教會史話》第三輯（台南：人光出版社，1995），頁 5～6。潘德成的〈教會的來歷——彰化縣〉一文摘譯自，《臺南府城教會報》第 160 期，原文用羅馬字白話文，並加註解。

〔註79〕 潘永安（1861～1938）是巴宰族岸裡社總土官阿莫第八代後裔，曾出任岸裡九社通事也是府城神學校最早的學生之一。

〔註80〕 衛惠林，《埔里巴宰七社志》（台北：中研院民族所，1981），頁 101～107。林修澈，《巴宰族民族誌調查》（台北：行政院原住民族委員會，2007），頁 71～72。

〔註81〕 吳學明，2003，《從依賴到自立——終戰前台灣南部基督長老教會研究》（台南：人光出版社，2003），頁 30～34。賴永祥，1995，〈大社的早期進教者〉，《教會史話》第三輯（台南：人光出版社，1995），頁 23～25。

圖 3-31：大社潘永安與其子

資料來源：打必里‧大宇，《巴宰王國──岸裡社潘家興衰史》
（台中：潘啓南派下家族，1999），頁 170。

圖 3-32：早期大社教會外觀

資料來源：《南部台灣基督長老教會設教七十週年紀念寫眞帖》
（台南：教會公報社，1935）。

　　1871 年，當馬雅各醫生得知牛眠山聚落（眉溪四庄番，今南投縣埔里鎮牛眠里）有基督徒聚會的消息，乃決定派傳道師前往埔社。〔註 82〕當時要到

―――――――――――――――――――

〔註82〕埔里牛眠山社民潘迦包因眼疾三年都無法治好，得到潘開山武干的介紹，到
　　　　府城醫館就醫，並告知埔社已有人相聚，獨缺傳道人，馬雅各決定派傳道師

埔社，並不是很容易，一方面路況不佳，路程遙遠；另一方面則是常遇兇惡「生番」的危害。賴永祥對宣教師進入埔社山區行程所遇到的情形多有記載，通常宣教師會請壯丁二三十人護送前往，佩帶的防衛武器是不能短缺的。〔註83〕根據記載，早期平埔族群入埔時一定是集體遷移，要到達埔里的路線主要有五條，一是北路，大甲溪與北港溪支流南下（今21號省道，自新社經國姓到埔里），另外一條是火焰山後的小路（今136縣道，自太平到國姓）是巴宰族人和台中市以北地區族人的交通要道。中路則是溯烏溪河谷（今14號省道或稱中潭公路，由草屯經國姓進埔里）東進，此路是往昔通往彰化縣城的官道，也是台中南、彰化北部地區族人的交通路線，但因地形險惡，因此對宣教師而言是極其危險的事。另有在南投邊境，直接越過中寮山區的集集大山，經水里、魚池也可來到埔里道路；北上經集集、水里、魚池等地來到埔里則爲南路，路程上難免遇上凶險，即便如此，馬雅各、李庥、馬偕及甘爲霖等人，仍舊進入埔社平埔聚落進行宣教。〔註84〕

　　1872年初李庥牧師（Rev. Hugh Ritchie，1840～1879）、德馬太醫師（Dr. Matthew Dickson）及馬偕牧師由大社巴宰族社民約50人所編成的武裝隊伍護衛進入埔社。由於埔里平埔族與泰雅族凶番相鄰，因此一行人帶足食物，佩帶刀或攜火繩銃，夜中露宿山林當中，積木燒火，終夜不停，避免被生番所襲擊。〔註85〕平埔聚落的村民常需以柵欄圍繞住所，防備生番攻擊，即使只

到埔社。後也將福音帶回牛眠，甘爲霖牧師巡訪烏牛欄時，牛眠已有信徒11人。4月10日李豹受馬醫生派到大社，停留2週，社民要久留他，但所受之命是前往埔社，只好返回府城請示。馬醫生就決定加派傳道向寶駐大社。李豹於5月8日再抵大社，5月11日由總通事寄批託埔社數十人保護下抵埔社。9月間李豹返府城述職，時馬醫生及李庥牧師（Rev Hugh Ritchie）來大社，原擬往埔社，遇颱風溪水漲而受阻，一週后返府城（據「使信」月刊，1871年9月11日馬醫生和李庥牧師首次前往中部視察2週，在大社施洗、並安排內杜建禮拜堂，但因大雨不得進入埔社）。同年年底大社信徒在內社（今苗栗縣鯉魚潭）分設聚會。1872年分設大湳及牛睏山的聚會。賴永祥，〈福音傳到台灣中部〉，《教會史話》第三輯（台南：人光出版社，1995），頁5～6。

〔註83〕當時前往埔社，路途險而難，集集經由之路未開，只有小路，且常有番害。由北路進社，更常遇兇惡「生番」。必麒麟對北路情境較熟，建議馬醫生先到大社，請總通事潘國恩來設法由壯丁二三十人護送前往爲宜。賴永祥，〈南下到大社埔社〉，《教會史話》第三輯（台南：人光出版社，1995），頁53～54。

〔註84〕南投縣巴宰族群文化協會，《南投縣巴宰族群文化協會九十五年度會員大會手冊》（南投：南投縣巴宰族群文化協會，2007），頁19。

〔註85〕賴永祥，〈南下到大社埔社〉《教會史話》第三輯（台南：人光出版社，1995），

是外出工作的族中男子，也都必需攜帶武器以能自我防衛。1872 年甘爲霖牧師在中部山區埔社宣教時曾遇到霧番，透過奎寧藥水醫治了當地的酋長；之後進入日月潭水番四社（南投縣魚池鄉）：「水社」、「貓蘭」、「北堀」、「頭社」探訪原住民，將水社湖（日月潭）命名爲「干治士湖」（Lake Candidius）〔註86〕（圖 3-33），甘爲霖認爲此處因語言溝通困難，且經常會受到外界的干擾，福音推展工作有實際的困難。

圖 3-33：鳥瞰日月潭（干治士湖）環湖山丘

攝於 2009.8.15

1872年底與德馬太醫師在中部山地巡迴宣教時由 58 名壯丁護衛下進入埔社烏牛欄、牛眠山及大湳宣教，受到社民的熱情歡迎：

頁 54。

〔註86〕甘爲霖著，林弘宣、許雅琦、陳佩馨譯，《素描福爾摩沙》（Sketches From Formosa）（台北：前衛出版社，2009），頁 49～61。甘爲霖牧師是第一探訪日月潭的歐美人士，爲這座籠罩著薄霧的美麗湖泊，取名爲「干治士」湖，以紀念 1633～1637 年在台灣佈教的首位荷蘭宣教師干治士（Rev Candidius）。十九世紀中葉，英國長老教會牧師甘爲霖首次拜訪埔里社，看見台灣第一大淡水湖，湖邊有稱之爲「水社」的原住民居住，由於漢人仍未大規模開發埔地，所以甘爲霖爲這一湖泊取名爲「甘治士湖」，就是現在所稱的「日月潭」，以紀念首次將基督教帶入福爾摩沙的先驅——甘治士牧師。林昌華，〈台灣改革宗教會的奠基者——甘治士牧師〉，《新使者月刊》（台北：2008），頁 35。

獲得引導到內陸抵達埔社，受到無比的喜悅盛情的招待，每一天都
有幾百人圍在四周，……當然沒有人會說他們的興趣全然是出於眞
正的宗教感情，在這種環境下，我們從未遇到爲了福音本身的緣故，
而突然間各地都來接受福音的……。〔註87〕

　　1873 年甘牧師再度住入埔里，烏牛欄（1871 年）、大湳（1873 年）、牛眠
山（1873 年）等附近的巴宰族的教會也陸續建立。烏牛欄教會已開始建造新
的禮拜堂，並連合埔社三所教會的信徒 450 人在該地大樹下舉行聯合禮拜，
並爲 14 名信徒（烏牛欄 10，牛眠山 1，大湳 3 名）施洗。〔註88〕烏牛欄教會、
大社教會與在苗栗三義的鯉魚潭教會均是巴宰族人爲主體所建立的教會，設
教時間皆在 1871 年（同治十年）。〔註89〕英國傳教士要到二年後才到達埔里，
籌辦設立禮拜堂事宜，是進入埔社的路程遙遠，或是建堂經費問題，抑或是
其他原因，不得而知，但可以確定的是烏牛欄禮拜堂的建立晚於其設教時間。
烏牛欄設教時間是 1871 年（同治十年）底，最初族人聚會的禮拜堂是茅草屋，
同治十二年（1873）教士會派李麻牧師到愛蘭協助建造第一間的禮拜堂（圖
3-34）。據日治時期愛蘭巴宰族人所寫的紀念〈烏牛欄設教五十週年簡史〉所記：

「那時弟兄姐妹爲此工作非常熱心，大家很喜歡出力，禮拜堂的經
費由教士會負擔，而建築時所出的人工，皆爲弟兄姐妹甘心的奉獻。」

「建堂所用的木料可任意選擇採取，所以木料在大家的扛、拖或用
車載的情形下，很快就完聚，……不久禮拜堂建築完成，這便是會
友聚集敬拜上帝的第一個聖殿。」〔註90〕

〔註87〕甘爲霖著，陳復國譯，《台灣佈教之成功》（台南：教會公報出版社，2007），
　　　　頁 153～156。
〔註88〕黃武東、徐謙信合編台灣基督長老教會《歷史年譜》（台南：人光出版社，
　　　　1995），頁 17～29。黃茂卿，《台灣基督長老教會太平境馬雅各紀念教會九十
　　　　年史（1865～1955）》（台南：台灣基督長老教會太平境馬雅各紀念教會，
　　　　1988），頁 82～83。甘爲霖著，陳復國譯，《台灣佈教之成功》（台南：教會公
　　　　報出版社，2007），頁 167～168。
〔註89〕關於鯉魚潭教會的設教時間頗有爭議。據鯉魚潭教會牧師說，位於苗栗鯉魚潭
　　　　村落，屬於台灣基督長老教會新竹中會，也是新竹中會中唯一由南部長老教會
　　　　所設立的教會，於 1871 年 12 月由李麻牧師協助建堂，1872 年初舉行第一次的
　　　　洗禮，但在建堂之前即有信徒自行聚會，故教會設教時間應是 1871 年，但後
　　　　來被劃爲北部教會，所以在長老教會的設教記錄是 1872 年，所以引起爭議。
〔註90〕〈愛蘭教會沿革〉潘瓦丹編著、潘文明記載，1922 年（大正十一年）施寬宏
　　　　校正、抄略。潘文德抄記。

　　由記錄來看，台南教士會對聚落的禮拜堂會很重視，因此教士會於清光緒六年（1880），另派施大闢牧師（Rev. David Smith）為督工，雇請台南的木匠師傅協助工程，「會友們更加賣力，有些人打土磚（土角），有些人便上山取木材，大湳、牛眠山、守城份、白葉坑及大肚城一帶的會友，也參加了這份工作，……」。〔註91〕基督教福音雖然進入埔社，但是如何去宣揚，因為文獻史料記載不多，所知有限。根據教會的史料記錄，當時的禮拜堂因為人數不斷地增加，且有站立作禮拜的情形，甘為霖牧師在他的日記中載道：「信徒日增，竟使禮拜堂無法容納，同年分設大湳、牛眠山（圖3-35）為支會。」

　　埔里三座禮拜堂雖以烏牛欄為主要聚會所，有時則在大湳或牛眠山舉行聖餐禮，這些禮拜堂以土磚蓋造，屋頂用瓦片造成，樓上還有住宿的房間。大湳禮拜堂（圖 3-36）是首次由英國長老教會出資而興建的禮拜堂，甘為霖形容乾淨寬敞，猶如蘇格蘭鄉間的小教堂，地方傳道則熱心地協助甘為霖（圖3-37，圖3-38）的傳教，其中李登炎傳道已在烏牛欄服務十一個月，協助教導兒童學認白話字，其中會寫羅馬拼音台語的孩子已有十人。甘為霖很期待這些社民來聽道理是出自誠心和單純的情操，然而要使他們放棄原有的祖靈信仰，就必須有人來引導他們，為他們講解上帝、罪及耶穌基督的信仰內容，甚至要有聖靈的引導，否則是徒勞無功，因此他認為地方傳道人是引導族人信主的關鍵。〔註92〕

圖 3-34：烏牛欄教會——愛蘭教會第一間禮拜堂

〔註91〕同前註。
〔註92〕甘為霖著，陳復國譯，《台灣佈教之成功》（台南：教會公報出版社，2007），頁153～156。

圖 3-35：牛眠山教會

資料來源：《南部台灣基督長老教會設教七十週年紀念寫眞帖》
（台南：教會公報社，1935）

圖 3-36：大湳教會

資料來源：《南部台灣基督長老教會設教七十週年紀念寫眞帖》
（台南：教會公報社，1935）

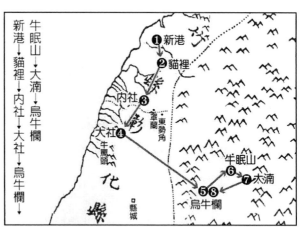

圖 3-38：甘為霖往返埔社的行程

資料來源：甘為霖著，林弘宣、許雅琦、陳佩馨譯，《素描爾摩沙》（Sketches From Formosa）（台北：前衛出版社，2009），頁 52。

圖 3-37：甘為霖牧師

第四節　烏牛欄教會的宣教師與信徒

　　基督教在台灣長期以來被視為外來宗教，就意識型來說稱之為「異教」、「番仔教」，因此統治者鮮少正視其所代表的社會文化價值，特別是清朝統治台灣時，官方或地方文獻記載多有缺漏或不足的情形，因此想要從相對客觀的史料文獻記錄去瞭解台灣當時的風土民情顯然是不能滿足研究者的需求。反觀長老教會對宣教歷史的記錄記載詳實許多，雖然或因年代久遠，或因記錄不全，或有「為主宣教」的觀點，但至少在研究教會歷史的領域空間上提供了多元的參考價值。

　　長老教會在埔社宣教的情形，多是根據宣教士的日記、照片或手札而來，從這些原始的文獻記錄中，可以瞭解宣教師們在台灣宣教的歷程與想法。因此，本節將以長老教會宣教師在台宣教的歷程，作為瞭解烏牛欄教會建立及其與宣教師之間的關聯性，並且更進一步的瞭解信徒與教會之間的互動關係。

　　依馬雅各的「遠心宣教法」，〔註93〕中部的大社巴宰族社群即成為其宣教

〔註93〕台灣基督長老教會總會歷史委員會編，《台灣基督長老教會百年史》（台南：台灣基督長老教會，2000），頁 7。

中心，周圍的巴宰族群如苗栗的鯉魚潭及埔里的烏牛欄、牛眠山及大湳等部落，是其宣揚音福的對象。由於地理位置有高山險阻，宣教師要進入埔社巴宰族部落是比較困難的。在1871年烏牛欄宣教初期，全台灣只有二位駐台宣教師，一是李麻牧師（Rev. Hugh Ritchie，1840～1879）（圖3-39），〔註94〕另一位則是馬雅各醫師，後陸續增加的宣教師有德馬太醫師（Dr. Matthew Dickson）、〔註95〕甘爲霖牧師（Rev. William Camrpbell，1841～1921）、馬偕牧師及華雅各醫師（Rev. J.B. Fraser）。〔註96〕正因爲宣教人力不足的問題嚴重，這些宣教師便無法到每個地方去宣教及牧養教會，因此開始差派受洗不久的本土傳道人進入地方聚落傳講福音。這些本土傳道人（初代信徒）雖然出身社會下層階級，但就基督教的信仰來說，「上帝憐憫這些沉默的多數，顯然神指向當時社會下層階級來傳救贖的福音，而這正是基督教正統傳福音的模式。」〔註97〕

〔註94〕李麻牧師（Rev Hugh Ritchie，1840～1879）1840年9月14日出生於蘇格蘭，格拉斯哥大學畢業後，由於嚮往到中國宣教，就讀神學院。於1867年受封立爲牧師，並被英國長老教會任命爲宣教師。1865年英國長老教會差派馬雅各醫生（Games L Maxwell MD，1836～1921）來台醫療宣教，英國長老教會也決定派一位牧師來協助宣教事工。第一位被差派來台灣的牧師是馬大闢牧師（Rev David Masson，1838～1866），但坐船來台的途中，不幸在南中國海被大浪捲走，殉職在南中國海。消息傳回英國，英國長老教會便積極地尋找替代的宣教師。因爲一時間找不到接任者，於是等不及李麻畢業，便提前結業，1867年派往台灣，成爲來台宣教的第一位牧師。

〔註95〕德馬太醫師（Dr Matthew Dickson）是英國長駐台的第二位醫療宣教師，1871年抵台，1878年離職返英，早期派駐府城醫館協助馬雅各醫師，在馬雅各離台後負責醫館業務，由於醫術與馬醫師不相上下，逐漸建立官私各界的好評，甚至得到台灣道台的信任。離台後醫務由安彼得醫師（Dr Peter Anderson）接任。賴永祥，〈德馬太醫生〉，《教會史話》第三輯（台南：人光出版社，1995），頁31。

〔註96〕同上註，頁469～474。

〔註97〕黃茂卿，台灣基督長老教會太平境馬雅各紀念教會九十年史（1865～1955）（台南：台灣基督長老教會太平境馬雅各紀念教會，1988），頁52～53。

圖3-39：李麻牧師　　　　圖3-40：本土傳道師吳文水長老

資料來源：台灣基督長老教會太平境馬雅各紀念教會，《台灣基督長老教會太平境
　　　　馬雅各紀念教會宣教140週年紀念特刊》（台南：太平境馬雅各紀念教
　　　　會，2006），頁26，103。

　　這些初代信徒多半沒有受過教育，他們要進入教會必需經歷許多的考驗，包括傳統社會價值的阻擋或者是家族的反對，甚至是來自教會宣教師對這些人的嚴格要求及審查，始得受洗為信徒，而後需經過「信徒造就班」或是台南神學院的前身「傳道者速成班」的短期訓練，才能受差派成為傳道人。如：南部教會推崇的本土傳道師吳文水長老（圖3-40），〔註98〕漳州人，早年當過糧差，信主前吸食鴉片三十多年，到廈門後聽到福音開始信主，但因為不識字，所以不敢奢求當傳道，只希望能為馬雅各醫師作僕人、管理顧守教會等卑微的工作。他的年紀雖大，但是「盡忠職守，熱心敬拜上帝，將全精神貫注於揚主恩……，白天出外探訪鄰居傳音福音，而晚上在禮拜堂佈道講聖經，勸人悔改信靠耶穌。」〔註99〕很快成為馬雅各的助手。而曾進入大社及埔社烏牛欄為信眾傳講福音的傳道師李豹便是聽了吳長老的福音而戒賭入信的。由此看來，台灣早期教會之所能夠擴張開來，一方面是宣教師們的醫療宣教及文字教育外，這些出身不高的本地傳道師扮演了重要的角色，對基督宣教功不可沒。

〔註98〕吳文水，又稱文伯，文長老，1865年隨馬雅各醫來台宣教，原為雜役，後成為台灣第一位傳道人，1875年退休返回漳州，成為第一位領取退休俸的本土傳道師。

〔註99〕黃茂卿，《台灣基督長老教會太平境馬雅各紀念教會九十年史（1865～1955）》（台南：台灣基督長老教會太平境馬雅各紀念教會，1988），頁102～103。賴永祥，《教會史話》第二輯（台南：人光出版社，1994），頁77～78。

　　進入埔社拓展基督教福音的傳道師，多是早期投入參與創設台灣中部山地教會的本土傳道。包括高長、李天才、李登炎、王老治、姬旺來、紀兄、吳老智、周步霞、潘德成、穆金鈴、王安崎、吳雞母、鐘文振、潘明和、潘文明、胡肇基等人（表3-1）。〔註100〕

表3-1：早期在烏牛欄傳教的本地傳道人

傳道人	傳教聚落	傳道人	傳教聚落
李豹	大社、烏牛欄、牛眠及大湳	戴保	大社
高長	大社、牛眠、烏牛欄	姬旺來	烏牛欄、大湳
卓其清	內社、大湳	李天財	牛眠山
周步霞	牛眠山	李登炎	牛眠山、大湳

資料來源：黃茂卿，《台灣基督長老教會太平境馬雅各紀念教會九十年史（1865～1955）》，頁83。

　　高長（圖3-41）早年跟隨馬雅各醫師，從吳文水長老學習道理，1866年長老教會在打狗醫療傳教時，由宣爲霖牧師爲其施洗，成爲台灣最早的信徒之一。〔註101〕馬雅各返回府城繼續醫療傳教，高長成爲教會的傳道人，協助府城地方的福音傳播，與吳文水成爲馬雅各的得力助手。

　　在中部巴宰族爲主體的教會歷史記載上都會提到李豹傳道師（圖3-42），重點大都集中在他的入信過程以及他日後的傳教工作。賴永祥的《教會史話》對於李豹的記載頗爲詳實，從他的信主與堅信不離基督的信心，到成爲「野外巡迴傳道人」，都記錄著這位出身低微但堅持自己宗教信仰的生命歷程。甘爲霖牧師在其《素描福爾摩沙》（Sketches From Formosa）的宣教筆記中記載李豹的宣教情形，稱他是天生的演說家：

> 「他是一位善於銷售聖經的銷售員，以大社的教堂當作是總部，經常行走到鄰近的村落去宣講福音，過程中便發放信仰傳單及小冊子。（曾到梧棲港、大甲及牌仔，賣出54本聖冊，並於大社東北的村落傳道。）這種村落巡迴或是露天佈道往往能夠吸引大量的聽眾，

〔註100〕黃茂卿，《台灣基督長老教會太平境馬雅各紀念教會九十年史（1865～1955）》（台南：台灣基督長老教會太平境馬雅各紀念教會，1988），頁83。

〔註101〕於此時受洗的尚有陳齊、陳圍、陳清和等三人。黃武東、徐謙信合編，賴永祥增訂，《台灣基督長老教會歷史年譜》（台南：人光出版社，1995），頁6～10。

但通常成效有限。在東大墩（今台中市）傳道，說到自己是『惡名
昭彰的賭徒，在上帝面前罪甚重』時，『上帝的憐憫與恩寵』降在他
身上，之後也同樣會在大家的身上。」〔註102〕

李豹是台南塩水人，父親是總爺，未信主前是戲班樂師，但好賭無法自
拔，後來他在府城亭仔腳禮拜堂聽到吳文水傳道在講《聖經》〈創世紀〉中上
帝毀滅所多瑪及蛾摩拉二座罪惡滿貫之城及耶穌基督拯救的故事，「心有所
感，就接近文伯，受其引導接受真理脫離賭癮。」〔註103〕李豹於是開始每個
禮拜日都來禮拜，並且受洗禮入教會。馬雅各將台灣的宣教指向中部山區平
埔巴宰族為主，再加上其高明的醫術，及善待平埔族的風聲快速地傳開，因
此在亭仔腳禮拜堂成立「信徒造就班」，以便能應付日漸繁重的傳道工作，之
後轉型為「傳道者速成班」，李豹受洗後十二天即被差派到木柵（今高雄縣內
門鄉）從事傳道工作。

圖 3-41：烏牛欄本地傳道師高長　　圖 3-42：烏牛欄本地傳道師李豹家族

資料來源：黃茂卿，《台灣基督長老教會太平境馬雅各紀念教會九十年史（1865
　　　　～1955）》，頁 59。

〔註102〕賴永祥，〈李豹的入信與迷惑〉〈李豹的售經旅行記〉〈元氣旺盛的佈道家〉《教
　　　　會史話》第四輯（台南：人光出版社，1994），頁 129～134。涂為霖牧師（Rev
　　　　William Thow）稱李豹是位元氣旺盛的佈道家。甘為霖著，林弘宣、許雅琦、
　　　　陳佩馨譯，《素描福爾摩沙》（Sketches From Formosa）（台北：前衛出版社，
　　　　2009），頁 216～218。
〔註103〕黃茂卿，台灣基督長老教會太平境馬雅各紀念教會九十年史（1865～1955）
　　　　（台南：台灣基督長老教會太平境馬雅各紀念教會，1988），頁 56～60。賴
　　　　永祥，〈李豹的入信與迷惑〉，《教會史話》第四輯（台南：人光出版社，1994），
　　　　頁 129～130。

　　1871 年李豹受馬雅各封立爲竹子腳禮拜堂（今屏東縣林邊鄉）傳道，隨後並與拔馬（台南左鎮鄉荣寮溪北岸的平埔族村社）社民卓其清（今屏東林邊鄉人）進入巴宰族岸裡大社，展開基督福音的宣教。1871 年馬雅各派李豹前往大社，以潘純熙的家宅爲聚會所，卓其清則進駐內社（鯉魚潭）以「耶穌聖教」的名開拓教會。〈大社教會設教 110 週年紀念冊〉中記載李豹於 1871 到 1882 年間在大社任傳道師，有李麻、甘爲霖、施大闢、巴克禮、涂爲霖等五位牧師進行巡迴宣教，期間也開設了彰化、台中柳原、葫蘆墩福音堂，1896 年「耶穌聖教」改名爲「台灣基督長老教會」。〔註 104〕1873 年隨著甘爲霖牧師進入埔里時，烏牛欄教會已建立，隨後聯合牛眠教會及大湳教會的信徒 450 人做聯合禮拜並施洗禮。

　　李豹一直是南部教會推崇的傳道師，表現出本地傳道師爲基督宣教的性格，成爲基督教能在台灣本地紮根的主要原因之一。甘爲霖在其《素描福爾摩沙》中說 1872 年李麻牧師在埔社爲第一批信徒施洗，使福音在烏牛欄得以展開。〔註 105〕甘爲霖認爲「平埔族是個『很簡單且容易受影響的族群』，不斷受到漢人的欺壓，所以任何有影響力的外國人來訪，都會受到他們最熱情的歡迎和最慷慨的款待，……」透過此一觀點，說明了福音之可以在一開頭即能擴散的關鍵所在，但他又發現平埔族群「發現自己接受福音就得棄絕古老的迷信與習俗，基督之國是精神的國度，通往永生之門不僅狹窄，路途又相當艱辛的時候，就開始出現反動現象。」這樣的描述不僅能傳達出早期宣教困難的根源，也正是現今長老教會所面臨困境最佳的寫照。

　　但因早期宣教人力不足，宣教師及巡迴牧師只能於適當的時間巡視其教區，無形中加重了本地傳教師所扮演的角色。〔註 106〕爲使基督教信仰能夠紮根本土，1898 年南部教會封立潘明珠爲五堂會的牧師，成爲台灣首位的牧師，

〔註 104〕大社教會，《台灣基督長老教會大社教設教 110 週年紀念冊》（台中：大社教會，1981），頁 9。

〔註 105〕1882 年宣教師涂爲霖（Rev William Thow，1857～1894）前往烏牛欄、牛眠山、大湳及埔社四教會宣教爲期兩個月，並爲 28 人施洗。1884 年三月初，又於烏牛欄、牛眠山、大湳及埔社四教會爲 27 人洗禮。

〔註 106〕早期李麻牧師在中部平埔部落巡迴宣教，李豹傳道在烏牛欄傳講福音。根據吳學明的研究論文指出，長老教會爲使台灣本地傳道者可以擔負起傳播福音的工作，來自英國的巴克禮牧師、加拿大的馬偕牧師，先後成立理學堂大書院及台南神學校，其目的即是爲了培育本地的傳道人，以能達到自傳的目標。

〔註107〕烏牛欄教會尙末按立牧師，英國宣教師往返宣教區之間疲於奔命，唯有本地的傳道人是能夠持福音信心的人，曾大量（圖 3-43）是甘爲霖牧師的廚役，爲人勤奮有禮也樂於助人，於 1895 進入神學院修業，畢業後派駐社頭教會（彰化縣社頭鄉）當傳道，後被派駐埔里，到烏牛欄後逐戶拜訪遍及鄰村，由於他的熱情宣教深受當地信徒的支持，使得埔社沉寂已久的宗教熱忱再度地點燃起來。

圖 3-43：烏牛欄首任本地牧師就職禮

說明：前排從左至右：林學恭、甘爲霖、曾持衡。

資料來源：《素描福爾摩沙》（Sketches From Formosa）。

1905 年曾大量經過「台南長老大會」指派梅監霧牧師、蘭大衛醫師及廉德烈牧師的認可，由台南教士會按首宣誓就任爲烏牛欄第一位本地牧師。自正式升格爲堂會後，烏牛欄教會的聖禮由英國宣教師主持，〔註108〕1905 年以後則依長老教會規定按立牧師，爲本地信徒問道理、施洗及陪領聖餐，英國宣教師的身影雖退出地方教會，但以宣教使命的觀點來看，這應該是他們樂見的結果，而今天透過歷年〈小兒、成人洗禮簿名冊〉（圖 3-44，圖 3-50）中爲信徒施洗的宣教牧師名字，便可見證愛蘭教會歷史演變的過程，現今教會已歷十四任牧師，現任牧師爲陳清恩（表 3-2）。

〔註107〕1898 年潘明珠在林後禮拜堂被封立爲東港、林後、阿猴、杜君英及建功庄五堂會的牧師。〈長老教會史〉中對其評價頗高，稱他是「台灣教會之明珠」。

〔註108〕甘爲霖著，林弘宣、許雅琦、陳佩馨譯，《素描福爾摩沙》（Sketches From Formosa）（台北：前衛出版社，2009），頁 223～228。

表 3-2：愛蘭教會歷任本地牧師一覽表

任期	牧師／傳道師	任期時間	派任情形
第一任	曾持衡	1905/4/17～1929/4/30	聘任
第二任	吳天賜	1929/4/18～1934/4/26	派任
第三任	施　坦	1933/4/1～1934/3/31	派任
第四任	羅文福	1944/4/27～1948/4/30	派任
第五任	簡皆得	1946/8/1～資料待補	派任
第六任	周燕全	1948/4/1～1955/7/31	派任
第七任	趙信恩	1955/8/1～1965/4/28	派任
第八任	謝多果	1964/8/1～1968/4/7	聘任
第九任	潘聰傑	1969/8/1～1971/12/31	聘任
第十任	盧文獻	1971/11/12～1974/2/28	派任
第十一任	潘聰傑	1974/2/15～1978/2/15	派任
第十二任	陳哲男	1978/7/1～1986/1/31	聘任
第十三任	羅仁貴	1986/8/1～1989/6/30	聘任
第十四任	陳清恩	1989/7/1～	聘任
第一任	聘陳清白為宣教牧師（現為華語堂牧師）	2003/12/01	聘任
第一任	聘李彰恩為聖樂青年牧師。	2005/06/01	聘任

資料來源：愛蘭長老教會牧師提供

圖 3-44：成人洗禮姓名簿

圖 3-45：幼兒洗禮姓名簿

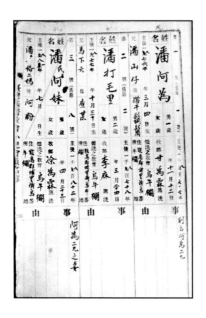

圖3-46：幼兒洗禮姓名簿一

說明：洗禮牧師為英國宣教師，劃
去的為已歿者。

資料來源：愛蘭教會提供。

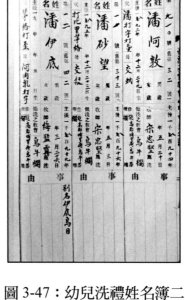

圖3-47：幼兒洗禮姓名簿二

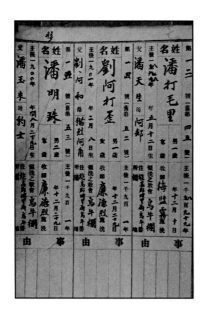

圖3-48：幼兒洗禮姓名簿三

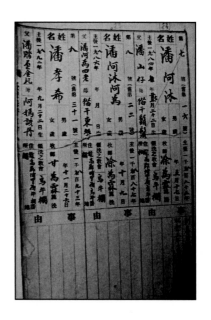

圖3-49：幼兒洗禮姓名簿四

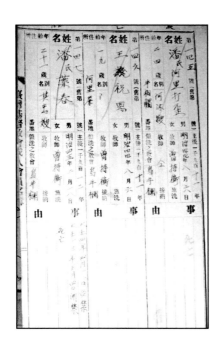
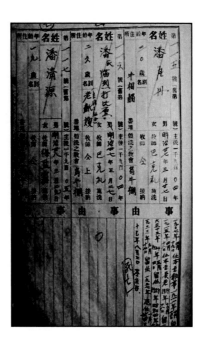

圖3-50：成人洗禮姓名簿一　　　　圖3-51：成人洗禮姓名簿二

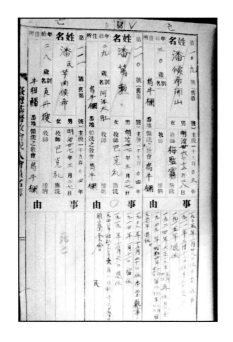

圖3-52：成人洗禮姓名簿三　　　　圖3-53：成人洗禮姓名簿四

表 3-3：早期為愛蘭教會施洗的外國牧師一覽表

職　銜	牧　師	駐台時間
施洗牧師	李　庥（Hugh Ritchie，1840～1879）	1867～1879
施洗牧師	甘爲霖（William Campbell，1841～1921）	1871～1918
施洗牧師	巴克禮（Rev. Thomas Barclay，1849～1935）	1875～1935
施洗牧師	涂爲霖（William Thow，1857～1894）	1880～1894
施洗牧師	宋忠堅（Duncan Ferguson，1860～1923）	1889～1923
施洗牧師	梅監霧（Campbell N. Moody，1866～1940）	1895～1931
施洗牧師	廉德烈（A. B. Nielson，1863～1923）	1895～1928

資料來源：作者整理教會早期洗禮姓名冊

　　從〈幼兒姓名簿冊〉中可以瞭解長老教會對信徒的資料記載非常詳實，包括幼兒的名字、出生年月日、姓別、父母的姓名及居住所在地，此外也記載了爲其施洗的牧師爲何人？何時受洗等，特別的是幼兒洗禮仍不能爲信徒，待其年長對信仰有更一層認識時，再由教會牧師爲其行接納禮及堅信禮，始得爲正式的信徒。至於〈成人姓名簿冊〉不再記載父母姓名，多添加了受洗年齡及接納牧師名字、信徒的洗禮、接納皆在烏牛欄教會。從〈洗禮名冊〉上的紀年方式改爲「明治」，可見政權已轉移爲日本人，此外，自 1882 年起爲信徒施洗的牧師皆爲外國牧師，1905 年則轉由本地牧師爲信徒施洗，表示外國宣教師的角色已漸由本地信徒所取代，長老教會的宣教歷程可說是進入到新的階段了。

　　長老教會初期以原住民平埔族爲傳教對象的原因，歷來各有不同的解釋，經過研究可歸結出以下的幾點原因，首先平埔族社會以祖靈信仰爲主，單純且無漢人社會繁複的宗教信仰儀式。其次，漢人對平埔族土地的侵奪及不公平的對待，使得來台傳教的英國宣教師對此一處境深表同情，因此願意發揮基督宗教精神，著手進行傳教工作，希望他們進一步成爲信徒，脫離令人憐憫的處境，這可說是順利傳教的因素。另外，巴宰族的宗教觀中並無一成不變的法則，對異教包容性很大，所以一旦發現異教更適合於自己，他們就會抛棄本來的宗教信仰而改信新的宗教。〔註 109〕由於當時平埔族社會具備

〔註 109〕吳學明，《從依賴到自立——終戰前台灣南部基督長老教會研究》（台南：人光出版社，2003），頁 30～34。賴永祥，〈大社的早期進教者〉，《教會史話》（三）（台南：人光出版社，1995），頁 23～25。

部族共同遺習，對於基督教多採全族入信的情形，中部則以巴宰族群為主的大社、內社和烏牛欄社三教會為主，均屬平埔族的社群，對基督教的海外宣教成果頗具意義。

第四章　愛蘭教會的宗教組織與發展

　　長老教會在台灣的發展，一方面因醫療宣教而逐漸擴張，另一方面則是教會組織架構日趨完善。為使教會各項教務能夠順利推行，1877 年成立台灣府教士會（Mission Council），處理包括傳教士的任免、待遇、調任及教會內一般的行事，醫館的管理及業務，成為初期教會的組織型態。清末及日治時期是南北長老教會的組織建構及發展期，而戰後則可說是組織擴張期，不論是教會組織人事的問題、時局的演變或是長老教會組織上的變革，都對地方教會產生相關的影響。而烏牛欄教會建立後，在埔里地區如何發揮其教會的功能，這是本文想要探討的課題。

第一節　地方教會的組織架構

　　「長老教會」是「由長老治會管理的教會」，強調由會眾選出長老來治會，代表一種代議政治的型態。台灣長老教會教會法規第四條規定『台灣基督長老教會設小會、中會及總會為代議機構，以執行教會事工』。其第五、六、七條規定「小會由教會之牧師、長老組織之」、「中會由其區域內各堂會組織之」、「總會由各中會組織之，為台灣基督長老教會最高行政機構」。另第十一條規定「牧師為傳道訓誨之長老，執行聖禮典，與長老掌理教會事工」。〔註1〕由此觀之，台灣基督長老教會的組織發展是由下而上發展的自治型態。由於初期宣教三十年間沒有中會的組織，於是地方教會選出長老及執事，當宣教師

〔註1〕台灣長老教會法規委員會編輯，《台灣長老教會教會法規》（台南：人光出版社，1992），頁7～14。

到各地方教會時便召開小會，處理教會內外的事務。〔註2〕根據台灣基督長老教會行政法第一條規定：教會分為佈道所、支會和堂會。佈道所是指繼續為開拓教會福音而設立的最基層單位。堂會則是指 30 名以上陪餐會員，長老執事各 2 名以上，未達標準的為支會。中會是由至少 15 個堂會來組成，其中應包括至少有 6 間是有駐堂牧師的自治堂會。為促進教會自治，1896 年南部教會在台南新樓中學成立首屆南部中會稱為「台南長老中會」，其下設二十三堂會，其中包括烏牛欄教會、大社及牛眠山教會等。北部教會則於 1904 年在淡水牛津學堂召開首屆中會，稱為「台北長老中會」，下設十二堂會。中會由至少十五個堂會組成，劃分中會一般以區域來界定，但也有例外（表 4-1）。〔註3〕一般而言，台灣基督長老教會是以中會為主的行政體系，也是真正對地方教會及傳教師有影響及約束力的機構。〔註4〕

表 4-1：1913 年以後台灣基督長老教會組織架構圖

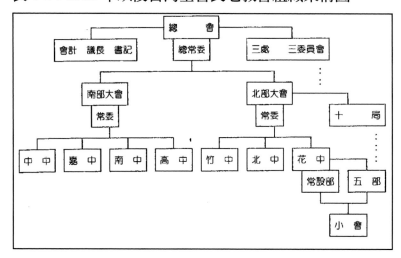

資料來源：《台灣基督長老教會百年史》（台南：台灣教會公報社，2000），頁 305。

〔註2〕 「小會」是長老宗教體制上治理教會最基礎的代議單位，由牧師及長老組成。牧師是由會員選出，成為小會議長，是中會所指派的代表；長老則由陪餐會員選出，為無給職，與牧師共同組成小會。蔡主恩，〈臺灣基督長老教會的擴展研究〉（台北：國立臺灣師範大學地理研究所碩士論文，1986 年），頁 53～55。

〔註3〕 1972 年總會同意由高雄中會分出壽山中會，打破以往以地理區域分設中會行政範圍的傳統。

〔註4〕 中會的職權，舉凡傳道師的事工、教會的設立解散、監督指導及管理和辦理傳教師之任免等事項。

　　台灣南北兩長老教會的差會雖有不同，但其信仰以及職制無差異，因此出現聯合之議。1912 年，南北教會在彰化西門街禮拜堂成立「台灣大會」，甘為霖牧師為首任大會議長。1943 年台灣大會議決於彰化教會設立「台灣基督長老教會總會」，事務所設台南新樓，至此初期總會組織架構完成（表4-2）。〔註5〕

表4-2：台灣基督長老教會總會構圖表

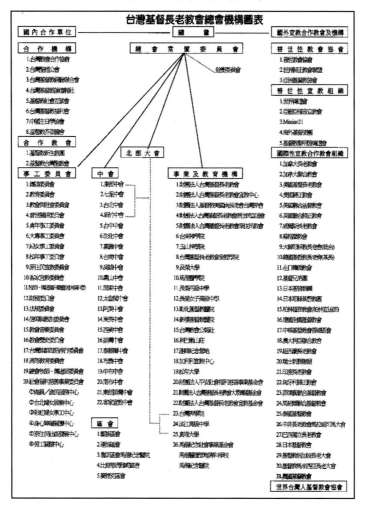

資料來源：台灣基督長老教會總會，《認識台灣基督長老教會》
（台北：使徒出版社，2008），頁 94。

〔註 5〕台灣基督長老教會總會歷史委員會編，《台灣基督長老教會百年史》（台南：台灣基督長老教會，2000），頁 305。台灣基督長老教會總會，《認識台灣基督長老教會》（台北：使徒出版社，2008），頁 94～95。

目前台灣基督長老教會對中會的組織，區分爲「平地中會」及「原住民中會」。其中「原住民中會」指的是高山原住民，至於台灣平埔族則是劃分在「平地中會」之範圍之內，巴宰族群教會幾乎包括在台中中會內（圖 4-1，4-2，附錄六）。除中會外，尚有「區會」。所謂「區會」是指無法達到成立一個中會標準的條件，或因語言、文化、種族及地理因素而無法與鄰近中會合併的地區，[註6] 如嘉義鄒族、達悟族等。1909 年南、北兩教士會及兩中會以大甲溪爲南、北教會的界線區。巴宰族群爲主的烏牛欄教會、牛眠及大湳教會則被劃爲南部教會台中中會。1871 年創設的大社教會是南部教會最北的教會，而同屬巴宰族的鯉魚潭教會則是劃爲新竹中會客家區會，是北部教會最南的一所地方教會。

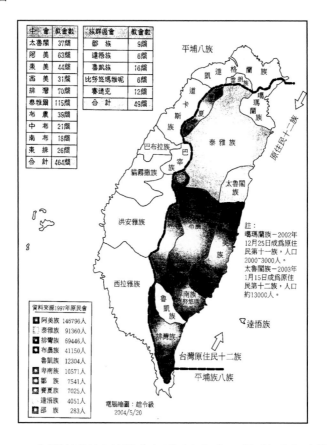

圖 4-1：台灣基督長老教會原住民中會、族群區會分佈圖

[註 6] 蔡主恩，〈臺灣基督長老教會的擴展研究〉（台北：國立臺灣師範大學地理研究所碩士論文，1986 年），頁 53～55。

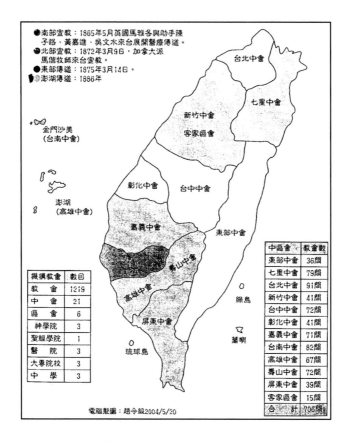

圖4-2：台灣基督長老教會平地中會、區會分佈圖

資料來源：洪叡郎、趙令級合著《台灣督督長老教會921賑災暨
重建報告書——疼惜生命分擔苦難》，頁1。

　　烏牛欄教會的設立與發展，歷經清代巴宰族群的集體改信時期（1871～
1895）、日本治台時期（1895～1945）走向自治、自養及自傳及戰後原住民教
會發展（1945～）的三個時期。1883 年烏牛欄教會正式升格為堂會，為一獨
立自主的教會，另有牛眠山、大湳、城內及北山坑等支會。〔註7〕潘瓦丹編寫、
施坦傳道校對的〈愛蘭教會五十週年簡史〉：

〔註 7〕　要升格堂會的條件是三十名以上的陪餐會員，長老及執事各二名以上，能負
　　　　擔中會規定之傳道師最低薪資和繳納中會、總會費的教會。未能達到標準者，
　　　　則可稱為支會。所謂陪餐會員指的是已接受洗禮的基督信徒，也就是正式的
　　　　「在籍人數」。至於「牧師」，早期是派任，獨立後乃由各堂會或機構聘任並
　　　　報備中會任命駐特定教會或機構，受中會指派為小會議長，主持小會與教會
　　　　所選出的長老一起治理教會。獨立堂會本身財政自主，故在事工計劃、執行、
　　　　人力與財力的運用，都比支會靈活而有活力。

在五十禧年的三十多年前，教會逐漸興起，會眾人數增多，信徒亦深知救主恩典，甘心樂意出錢出力，所奉獻的金錢是夠教會需用，而傳道師薪金亦不必依賴教士會之補貼，因此，始能成為獨立的教會。〔註8〕

烏牛欄最早的禮拜堂是茅草屋所蓋，1871～1880 大部分由信徒自行捐資且在教士會的協助下，完成了第三間禮堂的建造。據美國博物學家史蒂瑞（Joseph Beal Steere，1842～1940）（圖4-3）的記錄，「教堂當時用土磚建造，外頭砌上石頭，教堂的木質結構則是取材當地的樟木，教堂的地皮是泥土地，上面擺了用樟木打造的粗製長凳。」（圖4-4）教堂的一側有一間泥土塊建造、茅草屋頂的小房子，當時居住的人是傳道師兼任校的老師的李登炎。〔註9〕教堂另端則是茅屋，外刷白漆，內擺桌椅及床舖，供巡迴教區的牧師住宿，即後來的「牧師館」。〔註10〕

圖4-3：美國博物學家史蒂瑞

資料來源：史蒂瑞（Joseph Beal Steere）原著，林弘宣譯《福爾摩沙及其住民》（Formoas and Its Inhabitants）（台北：前衛出版社，2009）。

圖4-4：早期烏牛欄禮拜堂的內部

資料來源：《南部台灣基督長老教會設教七十週年紀念寫真帖》（台南：教會公報社，1935）。

〔註 8〕 潘瓦丹編寫，施坦傳道校對的〈愛蘭教會五十週年簡史〉手稿。

〔註 9〕 李登炎出身是台南崗仔林的西拉雅族平埔族人，與漢人傳道師李豹及李天才於1871年底被奉派到烏牛欄宣教。

〔註 10〕 史蒂瑞（Joseph Beal Steere）原著，林弘宣譯《福爾摩沙及其住民》（Formoas and Its Inhabitants）（台北：前衛出版社，2009），頁 65。當時作者所見的牧師即是甘為霖牧師。

　　教會在成為獨立堂會後，教勢也隨之提升。現任牧師陳清恩在〈烏牛欄巴宰族的宣教史〉一文中提到 1880 年教會派施大闢牧師（David Smith）來烏牛欄監工，建造第二建間的禮拜堂（圖 4-5），到 1883 年昇格為會堂時，教勢一直興旺。1885 年以南部 31 間教會，全年度財勢狀況報告，烏牛欄教會排名第五，為 84.76 元，到 1887 年仍排名第五，但財務提升為 118.27 元，在 1889 年陪餐會員有 92 人。1890 年文姑娘及朱姑娘來協助教會事工，蘭大衛在中部傳道時，烏牛欄教會的教勢達到最高峰。〔註 11〕

圖 4-5：愛蘭教會第二座禮拜

　說明：早期禮拜堂的建築具「閩洋折衷」的風格，充分表達外國宣教
　　　　師企圖在西方宗教建築上添加地方色彩，以便融入地方族群的
　　　　生活圈。傅朝卿，《日治時期台灣建築 1895～1945》（台北：
　　　　大地地理出版事業股份有限公司，1999），頁 124～125。
　資料來源：南部台灣基督長老教會設教七十週年紀念寫真帖（台南：
　　　　　　教會公報社，1935）。

　　烏牛欄教會正式升格為堂會後，展現出獨立教會的性格，成立地方教會小會，並選出長老與執事，共同治理教會。這期間因為政局的變遷，使教會行政組織架構中各單位事工內容及任務也會有所變動，但整體上的組織架構是不變的。依目前愛蘭教會組織的設置（表 4-3）小會議長是陳清恩牧師，任

務是傳道,並執行禮拜及聖典禮、辦理會員籍,維護教會紀律及會員信德,此外也管理教會附屬機構、財務管理,召開會員和會,辦理牧師、長老及執事之選舉,牧師的續聘以及長老、執事之任免、選派代議長老之事宜,皆由小會來議決處理,長執會的當然成員是小會的組員,小會之下轄屬的事工團契〔註12〕:青年團契、婦女團契、松年團契及主日學〔註13〕、聖歌隊〔註14〕都在教會中扮演重要角色,對於福音的傳播有一定貢獻。

表4-3:愛蘭教會組織架構圖

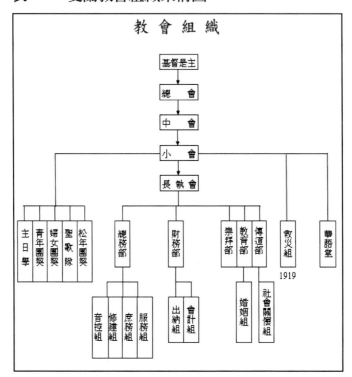

資料來源:愛蘭教會提供

〔註12〕 所謂 GROUP,有以年齡、性別區分之團體,另功能性之團體。前者如青少年團契、婦女、松團契,後者如主日學、聖歌隊等。

〔註13〕 主日學即 Sunday School,是禮拜天的學校,主日學從 1780 年在英國開始,為了讓孩童有更多受教育的機會,特別在禮拜天主日下午,招收 6～12 歲的兒童,授課內容以認識上帝、聖經為主。現今在各教會中則為主日之前或同時為適齡的孩童進行教學活動。

〔註14〕 自古以來即有以音樂詩歌來敬拜上帝,所以設有詩班帶領會眾做敬拜儀式。現代稱禮拜中唱詩歌帶領禮拜之隊伍統稱為聖歌隊。陳清恩牧師口述,李靖唐訪談記錄,埔里愛蘭教會牧師館前,2010 年 8 月 20 日。

第二節　愛蘭教會的宗教信仰活動

　　蔡主恩在其研究論文中引用瑞典地理學者 Torsten Hägerstrand 提出的地理擴散理論，將長老教會的擴散分四個分期，有原始、擴散、凝聚及飽和期。早期宣教師來台以醫療宣教的模式佈道，成功後即有本地的傳道師跟進，隨著教勢的擴展，本地傳道師更多人加入宣教行列，擴展到高原期則所需的宣教師也相對減少，這便是一種擴散的歷程。〔註 15〕早期宣教牧師來台常由宣教中心往附近的鄉村小鎮傳福音開設教堂，並教導信徒答復教理及接納人受洗入聖會領聖餐。在本地的傳道師不多的情形下，李麻與甘為霖牧師常要以外出巡迴的方式去傳教，不論在漢人社會及平埔族群地區都是如此，他們透過野外傳道尋找可以協助傳福音的本地信徒。初代的信徒多半沒有受過教育，他們要經過「層層考驗」才能進入教會，這些「考驗」有來自外在的迫害、也有家庭的反對，宣教師對想進教會的慕道友其資格審查也是相當嚴格的，而根本在於「觀察其是否明白基督救贖的道理，或者考查其在日常生活中的言行是否符合重生的事實」。〔註16〕

　　一般而言，當時對未受過教育的人，只要人品端正、誠實善良、勤勞樸實便可成為「基督徒」。至於讀書人，因對聖經及道理有深一層認識，對本地信徒的生活教育及宗教信仰的傳播有很大的貢獻。甘為霖牧師在其著作《台灣佈教之成功》中記載他於 1872 年造訪巴宰族的大社及內社時的感受時寫道：『大社社民強烈要求接受教會，與其社幹部長者為「利害」之考慮有關係。』〔註 17〕很明顯當時比較多基督信徒的是在平埔族群聚落，因為平埔族人長年受到漢人的詐騙、欺壓，在看到這些漢人對來自西洋的「紅毛番」卻很尊敬，為了得救以對抗漢人的欺壓，平埔族人放棄原始的祖靈信仰，甚而全族改信基督教，然而這對宣教師的宣教工作來說是一個借力使力的好時機。

　　1870 年，基督教傳入平埔族巴宰族群當中，宣教師們發現「福音一傳到平埔社便大受歡仰，顯有熱心領受的形跡，但有時其興奮的情形，令宣教師們感覺，其中當有一些不是出於純粹的宗教情緒的。」「平埔族中，改信入教

〔註15〕蔡主恩，〈臺灣基督長老教會的擴展研究〉（台北：國立臺灣師範大學地理研究所碩士論文，1986 年），頁 5～10。

〔註16〕台灣基督長老教會總會歷史委員會編，《台灣基督長老教會百年史》（台南：台灣基督長老教會，2000），頁 13～14。

〔註17〕甘為霖著，陳復國譯，《台灣佈教之成功》（台南：教會公報出版社，2007），頁 175。

會是一種整個家族都有關連的事。」「有家族放棄了偶像而入教,當每一家長改信後,整個家族都欣然從其榜樣而入信……。」以此宗教熱忱,甚至連建教堂都是一種團體的舉動,大家樂意出錢、出地、出材料及出勞力而共同從事於建堂。〔註 18〕然而就基督教的信仰而言,這似乎很難表明信徒改信的決心與經驗,要信徒「認罪」、「悔改」、「信上帝」得「永生」才是符合聖經的眞信仰,而平埔族的信徒中多半是缺乏明確的改信及與「上帝相遇」的經驗,這自然會影響到信徒的生活及地方教會教勢的盛衰。

洪秀桂在〈南投巴宰族人的宗教信仰〉一文中分析,早期李豹傳道及甘爲霖牧師到烏牛欄傳教,受到族人的歡迎,受洗族人多達五十多個家族,幾乎全村是基督教徒,原因是信徒們幾乎不用經過牧師的問道手續,便爲其施洗,且參加受洗的族人又以家庭爲單位來參加受洗。後來巴宰族人對基督教不再熱忱,甚至離開教會,所做行爲更有違於基督信徒的名聲,且一個家族對教會失去熱忱後,教會等於也失去了數十位的信徒。〔註 19〕《台灣基督長老教會百年史》分析,這些現象乃是因爲當時教會未對受洗入教的人進行人格及信仰上的培養及調查,而本地的傳道師未對求道者的『性靈生活能力』作正確的判斷所致。〔註 20〕洪秀桂根據在烏牛欄實地的觀察及探訪,發現教會的盛衰除與信徒「缺乏明確的信心」外,教會的領導人如牧師、長老及執事等都是關鍵的人物,當然「漢化」的結果也是原因之一。

基督教會信徒聚會時,主日禮拜便是上帝子民定期共同來崇拜、讚美,並歸榮光於主的時候。唱聖詩,禱告、十誡朗讀及簡釋,之後唱聖詩,禱告、講道、禱告、頌讚及祝禱。信徒們以台語頌讀羅馬拼音的白話字聖經,〔註 21〕並聆聽傳道師的講道外,透過聖詩的吟唱及聖詩內容,教導初代信徒快速也直接獲得基督福音,這些都是在崇拜儀式中表達對上帝的敬拜讚美、感恩及祈求的最具體的行動。

〔註 18〕 台灣基督長老教會總會歷史委員會編,《台灣基督長老教會百年史》(台南:台灣基督長老教會,2000),頁 20〜21。

〔註 19〕 洪秀桂,〈南投巴宰族人的宗教信仰〉,《台大文史哲學報》22 期(台北:1973),頁 471〜472。

〔註 20〕 台灣基督長老教會總會歷史委員會編,《台灣基督長老教會百年史》(台南:台灣基督長老教會,2000),頁 20〜21。

〔註 21〕 在台灣推動白話字最力的是巴克禮牧師,白話字是用英文字母將台語的聲音及調拼出來,可正確地將聖經或其他意思傳達出來,由於漢字難學難懂,所以白話字適合未受教育者使用。

　　根據溫秋菊在〈試探 Pazeh 音樂文化的綜攝——以一首臺語聖詩爲例〉一文中指出，埔里傳唱百年以上的「ai-yan」（挨央）曲調，與台灣基督長老教會總會於 1937 年版的《聖詩》第 243 首標題爲《BAK-SA（木柵）》以及 1965 年版的第 233 首標題爲《咱人生命無定著》的骨幹音相同，其曲調來源皆登錄爲 BÁK-SA（木柵），不論其曲調是源於西拉雅或是巴宰族群，可以說明早期的平埔族信徒使即不會看譜，在反覆熟記歌詞後，仍可以用本族熟悉的曲調唱詩（圖 4-6，圖 4-7，圖 4-8，圖 4-9）。〔註22〕

圖 4-6：平埔聖詩歌

資料來源：史蒂瑞原著林弘宣譯《福爾摩沙及其住民》
（Formoas and Its Inhabitants）。

〔註22〕溫秋菊，〈試探 Pazeh 音樂文化的綜攝——以一首臺語聖詩爲例〉，《藝術評論》第十期（台北：國立藝術學院，1999），頁 27～39。

在反覆熟記歌詞的同時，不僅可以更明白基督教義，也使得平埔族群提高使用自己族群曲調的機會，在教會無駐堂牧師，由長老帶領聚會時，自然地便會使用本族的曲調來領唱詩歌，這對族群文化傳承及福音宣揚上，似乎有其互為因果的助益。由於巴宰族群受漢人文化影響，族群的語言已漸消失，傳統音樂的曲調也幾乎喪失殆盡。透過聖詩歌的傳唱將巴宰族人的傳統曲調融入於詩歌中，特別是將巴宰族祭祖歌曲「ai-yan」（挨央）編成聖詩詠唱，使將近失傳的音樂曲調得以保存下來，「巴宰族歌謠與聖詩歌的關係相當密切。可以說，因為有聖歌，才得以保存巴宰族傳統歌謠及其語言」。〔註23〕

圖 4-7：巴宰族 ai-yan 一

資料來源：溫秋菊，〈試探 Pazeh 音樂文化的綜攝——以一首臺語聖詩為例〉。

〔註23〕林修澈，《巴宰族民族誌查調》（台北：行政院原住民族委員會，2007），頁 27。

圖 4-8：巴宰族 ai-yan 二

圖 4-9：平埔調聖詩

資料來源：溫秋菊，〈試探 Pazeh 音樂文化的綜攝——以一首臺語聖詩為例〉。

第三節　愛蘭教會的教育發展

在清廷「開山撫番」前，基督教已於 1871 年傳入埔里，在外國人「皆是侵略者」的敵我意識下，烏牛欄台地的巴宰族人所信仰的基督宗教自然是被敵視的，但外國宣教師因受到 1868 年條約的保障，得以在台灣內地自由傳教，因此清廷的撫番教育政策在埔里社越加明顯。光緒三年（1877）台灣府轉行府道夏獻綸查勘中路埔里各社籌備事宜：

> 埔社先有教堂之處，洋人時往遊歷；從教者俱係毛番，有六百餘名，此外，漢民、屯番尚無人入教者。水社有一浮珠嶼，四面皆水。……洋人先欲於該處建教堂，吳鎮先建書院一所，將其地概行歸官，洋人氣沮。

根據鄧相揚的研究，光緒二年至四年間，清廷在埔里社堡設立義學，由漢人通文理者教導，目的是教化番童，其後更於日月潭的珠仔嶼設立正心書院，表面是要教化原住民，但其真的目的是阻卻基督教在埔里社的傳教，當時巴宰族群的烏牛欄、牛眠山及大湳皆有教堂建立且入教者多於百人，為避免甘為霖牧師在珠仔嶼（原光華島）上建禮拜堂，故先行於此地建正心書院，教化水社化番，「使不致為洋人所惑」。〔註 24〕光緒二年（1876），丁日昌加強撫番政策，並頒〈撫番善後章程廿一條〉作為屬下單位的實施依據：

> ……各社頭目，尤應勸令多送子弟入學，以資導化。……將來如有番童讀書明禮者，即准其應試……

由此文件觀之，原住民始終受不平等的對待，但資質聰惠者，則授予「番秀才」，以提高其社會地位，在中部埔社的布農族人望麒麟，便是在此一時期得到功名，任職於「北路撫民理番同知」，總兵吳光亮特為望麒麟修繕房舍，坐落於烏牛欄台地上，頗具門第書香的風華，這一方面顯示朝廷對地方「番秀才」的器重，另方面也達到了「以番制番」的效果。〔註 25〕在原住民部落為孩童設立的「社學」旨在促進其漢化，與後來開辦的「番學堂」無非是漢化政策的一環。社學及義學多為官辦且設置於地方鄉堡，藉以強化平埔族群接受漢文化以收統治之效。

〔註 24〕鄧相揚、許木柱，《台灣原住民史——邵族史篇》（南投：台灣省文獻委員會，2000），頁 54～55。

〔註 25〕白棟樑，《平埔足跡——台灣中部平埔族遷移史》（台中：晨星出版社，1997），頁 185～188。

　　台灣近代學校教育是由教會開始發軔的，長老教會對信徒的教育工作一向被教會視爲主要任務，清光緒年間，台灣北部及南部的兩大教會體系都建立神學院開始台灣的教育工作（圖4-10，圖4-11）。〔註26〕

圖4-10：台灣基督長老教會台南神學校校本部

資料來源：《南部台灣基督長老教會設教七十週年紀念寫眞帖》（台南：教會公報社，1935）

<hr>

〔註26〕1876年南部的巴克禮牧師（RevThomas Barclay）在府城成立神學校，初名爲「大學」，後改名爲「福音書院」，即現今台南神學院。1882年北部的加拿大長老教偕叡理牧師（George Leslie Mackay）在淡水創設理學堂大書院（Oxford College 牛津學堂），即現今台灣神學院的前身；這兩間神學院初設的目的都是爲培養及訓練傳道人才（福音宣教師及教會牧師）。

圖 4-11：台北淡水牛津學堂（漢名定為理學堂大書院）

資料來源：馬偕著，林晚生譯，《福爾摩沙紀事——馬偕台灣回憶錄》

　　1895 年馬關條約簽定後日軍陸續登台，台北及台南陷入無政府狀態，女學、中學及神學校紛紛暫時關閉，以避戰火波及，教士會雖正常運作，但地方教會並不平靜。相對於埔里街各莊社的混亂局面，烏牛欄教會成為安定地方的力量，而此穩定力量則來自於基督教所提供的新式教育。早期烏牛欄教會除了引進新式的醫療設施外，也聘請地方士紳黃利用擔任「耶穌教小學校」的首位教導，教授漢學。日治時期台灣總督府認為有實施原住民教化之必要，於 1897 年（日治明治三十一年）成立埔里第一個教育機構——「國語傳習所」及其分教場，作原住民之教育機關。而於南投縣設置埔里社辦務署，辦理由埔里國語傳習所設立的「埔里社公學校」、「南投公學校」及「集集公學校」等三所學校。〔註27〕後來，埔里社國語傳習所改稱為「埔里社公學校」（即現

〔註27〕張勝彥編纂，《南投開拓史》（南投：南投縣政府，1984），頁 161～167。清代埔里屬台灣縣埔里社廳，日治後改為台灣民政支部埔里社出張所，而後隨行政區域的改變，其沿革為埔里社支廳、埔里社堡、埔里社、埔里社支廳（隸屬於南投廳），至民國九年（日本正九年）重新調整行政區劃，提高地方首長的權限，設台中州，下轄南投郡、新高郡、能高郡及竹山郡，郡下設街、庄及不設街庄的「蕃地社」，至此南投埔里的行政區劃大致抵定。其中能高郡役所設於埔里街，管轄區為埔里街、國姓庄及不設街庄的「蕃地」。

今埔里國小的前身）。當時漢人社會中有嚴重的男尊女卑、重男輕女的觀念，女子就學機會不高，日本政府爲教育平埔族女子，乃於 1898 年設立「埔里社公學校烏牛欄分教場」，藉由烏牛欄基督教禮拜堂爲教學地點，最初招募到平埔族女子三十二人，由於教學成效不錯，所以 1899 年（明治三十二年）改爲埔里社公學校烏牛欄分校。1901 年（明治三十四年）埔里社公學校烏牛欄分校增設男子部，招收平埔族子弟。〔註 28〕1911 年（明治四十四年）埔里社公學校烏牛欄分校獨立爲「烏牛欄公學校」。

　　烏牛欄地區早期的信徒不分男女皆受教育，日語成爲教學必備語言，巴宰族人在校使用日語，在家則可說族語，在教會的主日學則採用羅馬拼音學習漢字，爾後，烏牛欄社的學風普及埔里各村社，甚至有人曾進修高等科。當時已有平埔族女子入學就讀，而子弟到外地求學，遠至彰化、進入台北、淡水、台南等地求學的人數成爲各莊社之首。這些族人進修取得更高學歷，回到烏牛欄教導家鄉子弟。此外，對傳教有興趣的人，男子多到台南神學校，女子則前往台南女學校就讀，畢業後分派各地擔任傳道師或牧師宣揚福音。

　　基督教育在埔里愛蘭，對巴宰族人及信徒本身來說，都扮演相當重要的角色。唐淑惠碩士論文〈流變的地方性：埔里愛蘭台地文化認同與社群研究〉根據陳俊傑的田調記錄，透過查訪得知埔里其他地區的居民對愛蘭的教育風氣都持肯定的態度。〔註 29〕阿里史的黃大鏐認爲基督教很進步，教導學生讀書寫字；大湳庄潘姓耆老認爲信基督教的孩子很聰明，因爲早期有女宣教師來當地設立學校，教導羅馬文字。此外，大湳教會鄭牧師發現愛蘭最早接受基督教文化，而基督教重視教育的結果，使得愛蘭地區的族人獲得更多的資源。〔註 30〕位居眉溪四庄的噶哈巫族人普遍認爲今日許多公務部門的工作者，以愛蘭的巴宰族人居多，這也可以說明信仰基督教爲愛蘭人帶來的政經優勢，〔註 31〕然而從長遠的眼光來看，雖然基督教育增進了平埔族人的見識，但無形中本身的文化語言也在快速地流失中，這或許是平埔族人在追求提升自我地方時比較容易迷失的地方。

〔註 28〕張勝彥編纂，《南投開拓史》（南投：南投縣政府，1984），頁 235。烏牛欄公學校此即現今埔里愛蘭國小的前身。

〔註 29〕唐淑惠，〈流變的地方性：埔里愛蘭台地文化認同與社群研究〉（南投：暨南大學人類學研究所碩士論文，2009），頁 48～49。

〔註 30〕同上，頁 48～49。

〔註 31〕鄭怡婷，〈論當代平埔族群主體性的構成：以埔里噶哈巫爲例〉（南投：暨南大學人類學研究所碩士論文，2008），頁 76～78。

第四節　愛蘭教會與埔里醫療發展的關係

　　基督教傳入台灣是藉由醫療而開始的，透過醫療宣教排除本地人對外來宣教師及基督教的偏見及反感，獲得許多人的感謝及思念，這對傳教有很大的助益。初代的宣教師們將福音傳入平埔族社群，不論是南部或北部，平埔族其熱心歡迎領受的情形，有時會令人覺得其中有一些不是出於純粹的宗教情緒，因為平埔族缺少明確的信仰及「與上帝『相遇』的經驗」，這都影響他們的信仰生活，而宣教師在 1873 年即看出平埔族教會的衰退與墮落的徵兆。〔註 32〕

　　郭和烈牧師在《百年史》中分析馬偕過世後，噶瑪蘭教會的平埔族三十六教會只存留宜蘭及蘇澳教會的原因是因為，平埔族人並未正確認識福音，沒有自己的信仰，且太偏於情感，缺乏真實的信仰。但馬偕在其工作日記《福爾摩沙紀事》中明確地表達他在來台灣佈道之前所做的一切預備訓練中，包括了神學、義理的教導、講道、醫療，其中最有效果的是醫療方面的訓練，因為台灣當地的醫療資源並不普及化，而當時台灣社會最嚴重的病痛無非是瘧疾與牙病。〔註 33〕透過醫療不但可以救人脫離肉體上的痛苦，也有助於福音的傳播。

　　長老教會的醫療宣教與烏牛欄教會的建立及巴宰族群的改宗關係密切。1890 年，英國盧嘉敏醫師（Dr. Gavin Rusel）開設大社醫館開啓臺灣中部的西式醫療之門，改變了中部巴宰族人醫療模式及宗教信仰，使族人的生活方式、生命禮俗有了很大的轉變。1895 年長老教會蘭大衛醫師（Dr. David Landsborough）、梅監霧牧師（Rev. Campbell N. Moody）來台，在彰化醫療宣教並開設基督教醫館（即彰化基督教醫院的前身），奠定日治時期中部地區的醫療宣教基礎。〔註 34〕彰化教會建立之初，曾得到大社、烏牛欄、大湳及牛眠山等教會在人力及財力上的資助，彼此互動關係良好。〔註 35〕1902～1903

〔註 32〕台灣基督長老教會總會歷史委員會編，《台灣基督長老教會百年史》（台南：台灣基督長老教會，2000），頁 21。

〔註 33〕馬偕著，林晚生譯，《福爾摩沙紀事──馬偕台灣回憶錄》（台北：前衛出版社，2007），頁 302。

〔註 34〕彰化基督長老教會，《台灣基督長老教會化教會宣教百年史》（彰化：彰化基督長老教會，1987），頁 21～23。

〔註 35〕甘為霖著，陳復國譯，《台灣佈教之成功》（台南：台灣教會公報社，2007），頁 293～299。

年蘭大衛與梅監霧牧師到埔里宣教，在山區進行醫療服務，受到極大的歡迎，愛蘭長老教會陳清恩牧師說蘭大衛在中部宣教期間，是烏牛欄教會教勢最盛的時候。

日治時期的「理番政策」不准傳教師入山爲原住民傳教，以期能使用日本的語言、宗教及文化來同化原住民，更於部落村社入口處設置「神社」，禁止任何宗教團體在山地傳教。1911 年日人井上伊之助在台灣山區進行醫療宣教，且以「限地醫」的身分在台灣各地爲原住民從事醫療工作。〔註 36〕1945 年烏牛欄教會第三任牧師羅文福就任後，決定組成山地佈道團，與基彰的醫護生定期前往仁愛鄉、信義鄉等高山部落醫療宣教。〔註 37〕據陳永興《台灣醫療發展史》研究，戰後的軍政亂象，通貨膨脹與經濟危機，導致當時民怨四起，行政長官公署亦疲於應付，雖然已著手接收醫療事業，然而卻無暇顧及醫療衛生，造成傳染病再度流行。〔註 38〕因此台灣在 1945 年以後，在山地原住民聚落出現一批批「山地巡迴宣教醫療團」，有美國籍宣教師高甘霖牧師（Rev. Glen Daniel Graber）在東部山地進行醫療教工作，另有美籍加拿大宣教師孫雅各牧師（Rev. James Dickson，1900～1967）爲原住民開啓宣教之門，孫理蓮女士（Mrs. Lillian R.Dickson，1901～1983）則是山地婦女及兒童的教育服務者。1948 年孫雅各夫婦與高甘霖牧師合作，建立起長老教會與門諾會合作的基礎，〔註 39〕在台灣展開山地醫療宣教的工作，成爲台灣山地巡迴醫療的先驅。1950 年孫理蓮宣教士（Mrs. Lillian R.Dickson）（圖 4-12）、呂春長牧師、謝緯醫師及愛蘭教會羅文福牧師（圖 4-13），〔註 40〕徒步帶著埔里地區

〔註 36〕台灣基督長老教會總會歷史委員會編，《台灣基督長老教會百年史》（台南：台灣基督長老教會，2000），頁 204～206。

〔註 37〕羅文福牧師於 1944 在烏牛欄教會封牧，1948 年烏牛欄的行政區劃調整爲愛蘭里，故教會改名爲愛蘭教會，1946 愛蘭教會獻堂時，羅牧師議訣組織山地佈道團，展開山地的巡迴醫療宣教。賴貫一，《台灣土龍傳奇》（南投：台灣打里摺文化協會，2003），頁 59～60，144～155。

〔註 38〕陳永興，《台灣醫療發展史》（台北：月旦出版社，1998），頁 123。

〔註 39〕周恬弘，〈全方位的福音及社會服務事工開拓者──高甘霖牧師〉，鄭仰恩主編，《信仰的記憶與傳承──台灣教會人物檔案（一）》（台南：人光出版社，2001），頁 94～95。1957 年高甘霖牧師在台灣開設教會及兒童福利事工爲主，與呂春長牧師於 1954 年在台中創設門諾會在台灣的第一間教會──林森路教會，1957～1961 年間，兩人合力創設台中西屯、台北大同、台中大雅及南屯四教會。

〔註 40〕謝緯醫師，爲南投長老教會牧師，與孫理蓮等外國宣教師在山地進行宣教，

的信徒共同參與南投山地的巡迴診所，即使他們服務的對象是以台灣山地原住民為主，但埔里一直是其醫療宣教的重鎮，1952 年長老教會南部大會派吳銅燦牧師前來埔里及水里等地擔任山地巡迴牧師，〔註41〕對山地醫療宣教貢獻良多的羅文福牧師於 1953 年在埔里教會封牧，成為首任牧師。埔里地區的基督教會包括愛蘭長老教會的十五位弟兄姐妹參與醫療教宣教工作。

　　1946 年以後長老教會對山地原住民進行巡迴醫療宣教，基督教各宗派也紛紛進入原住民地區傳教，設立教會宣揚福音。1950 年代，以巴宰平埔族為主體的愛蘭教會關心山地的醫療，教會及羅文福牧師在巡迴醫療的過程中均扮演重要角色。孫理蓮於 1954 年成立「芥菜種會」（The Mustard Seed, Inc.），〔註42〕推動社會福利，經費主要由信徒奉獻。1951～1954 年間，謝緯醫師在孫理蓮宣教士的協助下，前往美國接受一般外科之相關醫療技術訓練，返台後即籌創醫療院所，於愛蘭台地上建立第一間的竹管仔診所，〔註43〕1955 年創辦「基督教山地中心診所」，以謝緯醫師任院長，同一時期在南投鯉魚潭畔興建「基督教肺病療養所」完成，1960 年基督教山地中心診所移至愛蘭崎頂，成為埔里基督教醫院的前身（圖 4-15）。

　　　　經常參與山地原住醫療服務，對弱勢族群則免除其看診費用。「創辦基督教山地中心診所」、「基督教肺病療養所」，1958 年辦理「埔里護理訓練學校」。長年往返埔里及彰化二林間為病患診，特別以診治台南縣北門地區的烏腳病而聞名，由於其看診細心，認真，對病患照護無微不至。「我慢了一分鐘，病人要多受一分鐘痛苦。我不能病人多受一分鐘的痛苦。」完全表達出其醫療熱忱。1970 在前往二林看診途中發生車禍，因功殉職。

〔註41〕吳銅燦牧師擔五年的山地巡迴牧師，1956 年底再高俊明牧師接續一年。蔡三雄，〈埔里基督教醫院醫療宣教史〉，《偏遠地區醫療宣教學術研討會論文集》（埔里：埔里基督教醫院，2004），頁 77～79。

〔註42〕「芥菜種」：一粒芥菜種，種在地裡的時候，雖比地上的百種都小，但種上以後，就長起來，比各樣的菜都大，又長出大枝來，甚至天上的飛鳥可以宿在它的蔭下。〈聖經。馬可福音四章 31～32 節〉魏外揚，《中國教會的使徒行傳——來華宣教士列傳》（台北：宇宙光全人關懷機構出版，2006），頁 403。鄭興讓，〈孫理蓮與芥菜種會〉，鄭仰恩主編，《信仰的記憶與傳承——台灣教會人物檔案（一）》（台南：人光出版社，2001），頁 75～81。蔡三雄，〈埔里基督教醫院醫療宣教史〉，《偏遠地區醫療宣教學術研討會論文集》（埔里：埔里基督教醫院，2004），頁 76～77。

〔註43〕鄭興讓，〈孫理蓮與芥菜種會〉，鄭仰恩主編，《信仰的記憶與傳承——台灣教會人物檔案（一）》（台南：人光出版社，2001），頁 75～81。謝緯著、謝大立編、楊瓊英校譯，《謝緯日記》（台南：人光出版社，2001），頁 3。

圖 4-12：孫理蓮宣教師　　　　　　　圖 4-13：羅文福牧師

資料來源：蔡三雄，〈埔里基督教醫院醫療宣教史〉，《偏遠地區醫療宣教學術研討
　　　　會論文集》（埔里：埔里基督教醫院，2004），頁 77～79。

圖 4-14：愛蘭竹仔管病房

資料來源：蔡三雄，〈埔里基督教醫院醫療宣教史〉，《偏遠地區醫療宣教學術研討
　　　　會論文集》頁 81。

　　埔里基督教醫院與埔里愛蘭教會關係密切，早期不但建立在醫療宣教的
基礎上，現今彼此仍有不可切割的緊密關係。1999 年台灣 921 大地震撼動整

個埔里山城，埔基緊急動員醫療援助外，愛蘭教會同時發揮了社會救助、社區關懷的功能，台中中會各教會紛紛成立「社區重建關懷站」給予實質的協助，地方教會成為「救災指揮中心」。埔基院長黃蔚在其〈愛在山城埔里〉一文中寫到「我們的好鄰舍愛蘭教會協助開放所有場地庇護了埔基的傷患和家園受損的員工，牧師、師母和會友成為不分日夜的義工……」，〔註44〕愛蘭教會陳清恩牧師認為教會醫療救助的功能應與災民的生活結合，正是醫療宣教的最佳典範。

圖 4-15：早期埔基護校師生

資料來源：《生命的服事——埔基護校紀念專輯》（南投：埔里基督教醫院 2005）。

在愛蘭台地上由埔基附設的埔里護校（圖 4-16），〔註45〕及由貝德芬（Miss Anna Begemann，1900～1983）〔註46〕宣教士創辦的埔里「伯特利聖經書院」

〔註44〕黃蔚，〈愛在山城埔里〉，《聯合報》1999 年 10 月 13～15 日第 34 版。
〔註45〕埔基附設護校現已停辦，1958～1973 年共招收十二屆 161 位學生。蔡三雄，〈埔里基督教醫院醫療宣教史〉，《偏遠地區醫療宣教學術研討會論文集》（埔里：埔里基督教醫院，2004），頁 77～79。
〔註46〕貝德芬宣教士（Miss Anna Begemann，1900～1983）生於德國，25 歲時全職事奉，陸續接受神學教育與助產士的訓練。32 歲時德國「婦女佈道祈禱會」與「中國內陸宣教會」將她派到四川省南充縣小西街一個華醫社並與韓美德（Margrit Heusner）姊妹會合，攜手從事醫療及傳道事工，長達 18 年，從未返德休假。因中國大陸戰爭關閉傳道之門，兩人被迫離開中國，返回德國。

（Puli Bethel Bible School）（圖 4-17）〔註 47〕是培育原住民少女教育學習的場
所，一方面使學生能有護理專才、家政技能外，也接受神學教育，其中部分
師資就是來自於愛蘭教會，而今埔里基督教醫院、伯特利聖經書院及愛蘭教
會，已成為埔里地區宣揚福音的「鐵三角」。〔註 48〕

圖 4-16：山地伯特利聖經書院

資料來源：許安琪，〈山地伯特利聖經書院〉，《愚人之友》第 181
　　　　　（南投：埔里基督教醫院，2011），頁 14～15。

1956 與謝存慈（Miss Else Schroder，）宣教師 1959 年由孫理蓮女士及徐賓諾
院長提供土地，謝存慈宣教師負責教育工作，貝德芬院長負責校務，9 月 14
日招收第一屆學生，1981 年貝德芬院長因病退休，院長之責交付給紀歐惠醫
師，1985 年將擔任書院教務主任多年的高秋霞傳道聘用為第三任院長。

〔註 47〕 魏外揚，《中國教會的使徒行傳——來華宣教士列傳》（台北：宇宙光全人關
懷機構出版，2006），頁 266～270。山地伯利聖經書院位於鐵山里鐵山路，1956
德國宣教士貝德芬來台設立，初來台灣，即深入山地巡迴佈道，對於埔里山
區的原住民少女缺乏教育，很容易迷失自己，所以創辦一所專為培育原住民
少女的聖經書院，希望畢業後能回到自己的族群中，廣傳福音，重建心靈。
聚會教堂名為「德芬堂」。伯特利聖經書院於 2000 年不再對外招生，且更名
為『福爾摩沙伯特利服侍善工學校』以面對臺灣社會結構的改變。

〔註 48〕 陳清恩，〈福音鐘聲響徹愛蘭幽谷〉，《台灣古早教會巡禮》（台南：人光出版
社，1997），頁 89。

第五章　愛蘭教會的變遷與發展

　　巴宰族群的原始宗教信仰，與台灣大多數的原住民族一樣都是以靈魂信仰爲基礎。馬偕在《福爾摩沙紀事——馬偕台灣回憶錄》中記載：

> 平埔蕃原本和一般住在山地的蕃人一樣是拜自然界的，所以沒有廟
> 宇、偶像或祭司。他們並沒有專屬私有的神的概念，而只是相信許
> 多既存的神靈……〔註1〕

　　他所提到的「自然界」，即平埔族所信仰的神祇、靈魂及精靈，而祖靈祭是平埔族的重要祭祀活動，李亦園稱中部巴宰族的祖靈祭是「賽跑型祖靈祭」，是祭祖靈和賽跑成年禮的混合祭儀，而邵族甚至以「公媽籃」作爲祖靈的象徵意義，〔註2〕但在十八世紀以來，平埔族受到漢文化的衝擊，漢人的民間宗教信仰深入平埔社群中，族人開始建立廟宇以奉神明、媽祖、關聖帝君、文昌帝君及土地公等漢人神祇，而神主牌位的設立成爲平埔族漢化的具體象徵。〔註3〕巴宰族人在與漢人民間宗教混雜的情況下，雖有部份族人改信民間宗教，但烏牛欄教會仍是族人傳統文化及宗教信仰中心，可見教會與巴宰族群的文化延續關係密切。

〔註1〕 馬偕著，林晚生譯，《福爾摩沙紀事——馬偕台灣回憶錄》（台北：前衛出版社，2007），頁196～197。

〔註2〕 鄧相揚、許木柱，《台灣原住民史——邵族史篇》（南投：台灣省文獻會，2000），頁75～85。

〔註3〕 洪麗完，《台灣中部平埔族：沙轆社與岸裡大社之研究》（台北：稻香出版社，1997），頁336。

第一節　愛蘭教會的社會互動與發展

　　巴宰族人是集體改信基督教，明確地說是從原本傳統信仰到漢人民間信仰，移轉到另一個新的宗教信仰，然而其人數增長之快、規模之大，在部分宣教師的眼中視之為「不尋常」，據順益台灣原住民博物館白尚德的《英國長老教會宣教師與台灣原住民族的接觸（1865～1940）》一書中所談到當時最早來台宣教的兩位宣教師馬雅各及馬偕認為平埔族是一個相信萬物皆有靈的民族，有些平埔族人甚至在漢人社會中已深刻地學習到民間信仰及崇拜偶像的習俗，然而在漢人社會中，平埔族人總是受到排擠及鄙視，甚至受到山中原住民（生番）的威脅，這使得平埔族人希望得到脫離困境的力量，因此只要能使他們的生活環境不再受到威脅，一切的改變在所不惜。〔註4〕因此平埔族人改信基督教的潛在意識中利益考量是優先的，而這也正好是英國長老教會在漢人社會宣教受阻後，轉而對被認為比較容易信教的平埔族群宣教的最佳契機。

　　甘為霖在其所著《台灣佈教之成功》曾透露他在 1872 年 10 月首次訪問大社及內社時的感受，他認為巴宰族人之所以考慮傾向接受基督教乃是「利害」考量，平埔族群因為長年受到漢人的詐騙、欺壓，當他們看到漢人對來自西洋的「紅毛番」是如此的尊敬，這恰是平埔族人得到外援以對抗漢人欺壓的好時機，巴宰族人轉向教會的洋人求助，透過長老教會帶來的醫療及教育，使族人的生活提升，以致於全族放棄原有的傳統祖靈崇拜而改信基督教，這是很正常的現象。〔註5〕

　　因此，平埔族人改信基督教多少有自己的「盤算」，中部巴宰族四大族群，岸裡社、樸仔籠社、阿里史社及烏牛欄社在原鄉岸裡大社早已習得漢式的宗教祭典儀式，如祭媽祖、關聖帝君、文昌帝君及土地公等佛道神祇，在遷徙埔里的同時，巴宰族人自然將原鄉信仰帶入，因此早期當地信仰應是原始宗教與漢人民間信仰並存的。雖然我們無法明確得知早期巴宰族人對基督教信仰義理的接受程度如何，但透過早期進入埔里探訪的外國宣教師或是旅行探險家的筆記及日記，或可窺探其初步的面貌，從而瞭解巴宰族人在埔里信仰變遷過程中與社群互動的情形。

〔註4〕　白尚德著，鄭順德譯，《英國長老教會宣教師與台灣原住民族的接觸（1865～1940）》（台北：順益台灣原住民博物館出版，2004），頁 26。

〔註5〕　甘為霖、陳復國譯，《台灣佈教之成功》（台南：教會公報出版社，2007），頁153～156。

　　美國博物學家史蒂瑞（Joseph Beal Steere，1842～1940）於 1873～1874
年期間，進入巴宰族群為主的大社、內社及烏牛欄時發現，平埔族人大多已
改信基督教，而且在住民家中幾乎看不到偶像崇拜或神主牌位的痕跡。〔註6〕
史蒂瑞在埔里停留期間，觀察到每天早晚在教堂都有禮拜，透過鼓聲召集群
眾集會，教堂中有閱讀能力的人會用漢字或羅馬拼音讀聖經，接著由長老禱
告，並吟唱傳統曲調的聖歌，而巴宰族也相信自己與他是信奉同一位上帝，
並期待同進天國。〔註7〕另外，當時在烏牛欄聚會的場合上，史蒂瑞發現教徒
們專注聆聽講道，牧師禱告時看到教徒淚流滿面及斷續的哭泣聲，〔註8〕多少
可傳達信徒對宣教內容體會程度的概況。

　　筆者在埔里愛蘭查訪的過程中，曾好奇早期基督教信仰的盛況。愛蘭教
會是早期烏牛欄社（愛蘭地區）發展的起源，教會長老潘英寬說，〔註9〕早期
族人會在禮拜日準時到教會作禮拜，他們都以現今掛在教會頂端的古鐘鐘聲
（圖 5-1）為聚會的依據，各戶信徒聽到鐘聲會先放下手邊的工作，疏妝整理
後進入教堂敬拜上帝，除了巴宰族人外，後來也漸有漢人加入主日崇拜。

圖 5-1：愛蘭教會古鐘　　攝於 2009.8.20

〔註6〕 史蒂瑞（Josep Beal Steere），林弘宣譯，《福爾摩沙及其住民──19 世紀美國
　　　　博物學家的台灣調查筆記》（台北：前衛出版社，2009），頁 95～97。
〔註7〕 同上，頁 70～71。
〔註8〕 同上，頁 254。
〔註9〕 潘英寬長老口述，李靖唐記訪談記錄。2009 年 8 月 22 日埔里愛蘭教會禮拜堂。

　　根據潘長老從耆老口中得知，當時教會儀式有聖歌隊獻詩，牧師禱告後講道，聚會人數不少。但由於當時缺乏文字資料記錄，因此只能憑口述及部分影像來追憶以往的盛況（圖5-2，圖5-3）。

圖 5-2：早期禮拜堂的詩班　　　　圖 5-3：早期聚會情形

愛蘭教會提供

　　為瞭解基督教在愛蘭地區的發展狀況，筆者幾次進入鐵山里的墓園查訪以瞭解愛蘭台地上基督教信仰的情形。首先發現基督教信徒的墓園較一般台灣民間信仰者多，其中以潘姓宗族居多。再者墓園的造型多是尖塔上有十字架樣式，有些則是傳統墓地，墓碑多具有漢式風格，足見其受漢人文化的影響，但碑文均以聖經經句呈現，與一般傳統漢人墓碑的書寫形式有很大的不同。此外，有些墓地特別寬敞，上刻有「歷代潘氏祖先的墓」（圖5-4），表示潘姓家族的先人均以此長眠。另外最特別的是，有些則是潘姓子孫的候主墓園（圖 5-5），以待後代子孫均能安眠於此。根據瞭解，這從墓碑上很容易看到先人的名字上加上「潘」姓，但除了潘姓可為判斷依據外，大多名字多已是漢名了，因此很難斷言其是否為巴宰族。

圖 5-4：愛蘭台地上潘姓家族的歷代墓園

攝於 2011.9.15

圖 5-5：愛蘭台地上的基督教候主墓園

攝於 2011.9.15

愛蘭台地上的巴宰族人與漢人社群相處已久，生活起居幾已漢化，尤深受漢人民間信仰的影響，土地公廟的崇拜象徵著漢人進入平埔番社定居落戶的生存權益，（表 5-1）〔註 10〕也代表著台地上的巴宰族的基督教信仰所面臨的挑戰。現今埔里愛蘭台地及眉溪四社共有四座超過百年歷史的長老教會，信徒早期皆以巴宰族群為主（眉溪四社則為噶哈巫族），據早期長老教會資料記載，這些信徒對基督教會的熱誠，不低於南部教會對信仰的投入，甘為霖認為這是對中部平埔族宣教之成功。〔註 11〕

表 5-1：愛蘭台地上的漢廟土地公廟信仰

	土地公廟			
愛蘭里梅村社區	五福宮	福壽宮	萬福宮	德興宮
鐵山里鐵山社區	福安宮	鎮山宮	福山宮	守安宮

資料來源：衛惠林，《埔里巴宰七社志》（台北：中研院民族所，1981），頁 129。

然而從 1970 年到 1980 年代期間，巴宰族人對基督教信仰似乎出現很大的變化，根據衛惠林在 1969 年到埔里愛蘭田野調查的結果，發現埔里巴宰七社群中除了愛蘭教會所處的烏牛欄舊社區（現已改編為愛蘭里）仍維持著基督教信仰外，同社區的大瑪璘社區（現改為梅村社區）、現已改編為鐵山里的阿里史舊社區及眉溪流域的牛眠山、守城份、大湳及蜈蚣崙等部落，幾乎已是漢人廟宇林立，甚至有巴宰族基督信徒改漢教的情形。〔註 12〕筆者前來愛蘭田調實地走訪時發現，愛蘭社區並未有地土公等漢廟矗立的情形，但跨過一道馬路，進入到鐵山社區（原阿里史舊群），即出現漢人土地廟的神龕，而西鎮堂（圖 5-6）則是鐵山里頗具規模的漢廟，〔註 13〕供奉齊天大聖；另有新

〔註 10〕 衛惠林，《埔里巴宰七社志》（台北：中央研究院民族學研究所，1981），頁 129。
〔註 11〕 甘為霖、陳復國譯，《台灣佈教之成功》（台南：教會公報出版社，2007），頁 153～156。根據甘為霖所載，1873 年首次受洗禮拜日，埔社三所教會共有信徒 450 人共同參與，並由甘為霖牧師 14 名信徒施洗，而當時南部教會禮拜出席總人數約為 3500 人，埔里的聚會人數已佔八分之一強。
〔註 12〕 衛惠林，《埔里巴宰七社志》（台北：中央研究院民族學研究所，1981），頁 129。
〔註 13〕 西鎮堂為現今埔里鐵山社區最重要的地方廟，其所供奉的主神為齊天大聖，當地人皆稱為「大聖君」。原為崁頂劉姓人家所私奉的神壇，最早的神像是從「解化堂」（即醒靈寺前身）請來的，因乩童為人作法靈驗而興旺起來，愛蘭台地上有不少基督信徒因此漢廟而放棄基督信仰轉而信道教。至民國六十三年遷至現址，2011 年至此地查訪時，有呈現沒落的景況。

設的天公廟等地方神廟佛堂。至於愛蘭教會雖是愛蘭台地上的基督教信仰中心，但緊鄰教會附近的住戶具是佛道信仰，在愛蘭里的大瑪璘舊址的漢人勢力發展甚快，漢廟因此林立，而在台地入口處附近有座建於日治時期的醒靈寺，以關帝聖君為主神，經探訪得知在其廟的祭祀鸞生中，已有為數不少的巴宰族人參加，而當時有可能是由基督教改信漢教，或是具有雙重身分。這足以說明，在漢人優勢下的平埔族村落，再次地受到漢人文化的挑戰，少數巴宰族信徒因而改信漢教，但對堅守本族文化傳承的巴宰族人而言，基督教信仰是他們的希望，因為巴宰族人早將自己的原始傳統文化融入於基督教信仰中，教會組織在巴宰文化的傳承上更是扮演了極重要的角色。

圖 5-6：位於鐵山里的西鎮堂

攝於 2011.9.15

　　根據洪秀桂與衛惠林在 1960 年代前往埔里訪查巴宰族人的宗教信仰時發現，由於當地長期與漢人社會接觸，即使在 1871 改宗信奉基督教的埔里烏牛欄巴宰族群，對傳統的祖靈及漢人的民間信仰多少都有難以割捨的情懷存在。〔註 14〕愛蘭教會牧師陳清恩在訪談中，曾提及烏牛欄教會最初建立的基址即在巴宰族人早期信奉漢人民間信仰所供奉的包府王爺的廟址，廢除廟宇後而以該址為禮拜堂的堂址（圖 5-7）。原來供奉的包府王爺神像，由於改信

〔註 14〕洪秀桂，〈南投巴宰海人的宗教信仰〉，《台大文史哲學報》第 22 期（台北：台灣大學文學院，1973），頁 481～485。

基督教後，不能再膜拜偶像了，但也不能無情的將神像隨意棄置，爲了表示對基督信仰的虔誠與熱心，乃將「包公」移至村外，安置在道卡斯人群聚的「紅瓦厝」附近一顆樹下，成爲道卡斯族人的地方主神。〔註15〕

圖 5-7：位於愛蘭教會牧師館前庭的教堂主建物
即是最早包府王爺的廟址　攝於 2009.8.20

　　愛蘭教會位於烏牛欄舊社區內舊會所遺址附近，當地信仰基督教的巴宰族人較不受漢人廟宇的影響，但在現今稱爲梅村社區的大馬璘舊社址上，則建了一座漢人廟宇——醒靈寺（圖 5-8），對巴宰族人的宗教信仰產生極大的改變。1941 年埔里醒靈寺改建之際，烏牛欄教會適巧翻修改建，曾以半買半

〔註15〕陳清恩牧師口述，李靖唐記訪談記錄。2010 年 8 月 22 日埔里愛蘭教會牧師館前。白棟樑，《平埔足跡——台灣中部平埔族遷移史》（台中：晨星出版社，1997），頁 196～197。據烏牛欄、守城份的巴宰族耆老說，烏牛欄巴宰族因爲在西部飽受漢人的欺壓，因而信奉漢人正義的化身——包公，以對抗不公義的漢人。但據埔里文史工作者簡史朗老師的說法是，包府王爺是屬於瘟神信仰崇拜的神祇，並非是巴宰族人所說的包青天。而這尊包府王爺目前正擺放在房裡里的正氣堂，供信徒參拜。陳俊傑，《埔里的開發故事——平埔族現況報導》（南投：財團法人南投縣立文化基金會，1999），頁 103。

送的方式購得教會拆下的舊樑柱，作為廟宇翻修的材料，〔註16〕1951 年遷建
完工後，即出現有愛蘭教會的信徒擔任寺廟中夜祭的鸞生，同時也出任醒靈
寺董事的景況。洪秀桂與衛惠林於 1969 在埔里的調查報告中指出，除了愛蘭
台地上烏牛欄舊社區以基督教信仰為主外，其他的巴宰族人部落幾乎都受漢
廟的影響，基督信徒已是寥寥無幾，而位於眉溪流域的大湳教會及牛眠教會
信徒的流失更多，顯示巫術信仰與漢人的靈魂觀念仍舊深深地影響著巴宰族
人。〔註17〕諸如以上的陳述，應該可以解釋平埔族群在宗教信仰變遷後，仍
對本族的傳統信仰抱持不棄不離的心態。

圖 5-8：埔里醒靈寺

資料來源：財團法人台灣省埔里醒寺編印，《醒靈寺專刊》
（南投：埔里醒靈寺）。

中部巴宰族長期與漢人的接觸，深受漢人宗教文化的影響，接受漢人的

〔註16〕醒靈寺是埔里漢人移民的信仰中心，西元 1906 年在愛蘭台地設有一間「解化
　　　堂」，奉祀三恩主，分別是關聖帝君、孚佑帝君和司命真君（即關羽、呂洞賓、
　　　灶王爺），後來解化堂因地震傾倒，重建後稱「醒化堂」。西元 1951 年遷建完
　　　工，改稱醒靈寺，採南方式廟宇建築，設有五門，屬帝后級的廟宇。山門牌
　　　樓前鎮坐一對清朝時期大埔城衙門的石獅，以及日治時期能高神社遺留的石
　　　燈，是埔里的百年老廟，位於愛蘭台地的邊緣大馬璘社址。
〔註17〕衛惠林，《埔里巴宰七社志》（台北：中央研究院民族學研究所，1981），頁 130
　　　～131。

民間信仰，同時喪失了自己的語言文化；然而 1870 年基督教傳入巴宰族群，改變了巴宰族人的信仰，這似乎反應長期以來平埔族群與漢人間的文化互動，出現了重大的改變。而平埔族群能在「反抗狀態」極小的情況下接受基督教，是因為平埔族長期與漢人相處，幾已完全漢化，明顯失去了自己的語言及宗教文化，但仍遭受到漢人的歧視與壓迫，對較有民族意識及族群認同感的人來說，都難以再接受此種待遇；相較之下平埔族人較沒有如同漢人有較深的傳統文化包袱，因此很容易就移情於其他宗教信仰。

　　邱正略認為平埔族的漢化只是一種適應時代變遷所進行的一些調適、改正的過程，清末埔里盆地的平埔族群當中，大部分的人仍有清楚的族群認同，只是在語言、生活方式、宗教信仰及價值觀上已有顯著的變遷，〔註 18〕然而馬偕在其所著《福爾摩沙紀事──馬偕台灣回憶錄》一書中記載，平埔族雖受征服者強迫薙髮、易漢服、改信漢人的信仰，但這只是他們屈於漢族的一種跡象而已，對於大多數的平埔族而言是沒有意義的。〔註19〕從此觀點看來，埔里巴宰族群的集體改信基督教，固然是因受漢人壓迫及基督教信仰對族人的現實生活利益可能帶來實際的優勢，但在以族群認同的前提下，巴宰族人在基督教的信仰上，不僅要活出族群自信來，更應該可以為自己的族群找出一條可長可久的出路。

　　根據邱正略的研究，埔里的巴宰族人女性普遍與漢人通婚的情況，使得戶籍統計數字已漸漸地消失，但其平埔族的血統仍在埔里的人口中佔有極大的比例，不過要在埔里找到純正血統的平埔族似乎已是件困難的事。愛蘭教會陳清恩牧師認為在埔里沒人敢說自己是具有純正巴宰族血統的平埔族，除了少數老一輩的族人仍有清楚的族群認同外，多數的人幾乎少去談論。甚至在同一村子中害怕被人知道自己是平埔族人，因為總會被同村漢人認為自己是「番仔」，那種感受很不好。至於年輕一輩的人，對自己是否為平埔族或巴宰族人，似乎已有些迷惑了，年輕的孩子不太清楚自己是否具有平埔族血統，有些即使知道，但不願多談，至於問到自己是否為巴宰族，則是不太清楚。〔註20〕

〔註18〕邱正略，〈清代台灣中部平埔族遷移埔里拓墾之研究〉（台中：東海大學歷史研究所碩士論文，1994），頁 262～263。

〔註19〕馬偕博士原著，林晚生譯，《福爾摩沙紀事──馬偕台灣回憶錄》（台北：前衛出版社，2007），頁 330。

〔註20〕陳清恩牧師口述，李靖唐記訪談記錄。2010 年 8 月 20 日，埔里愛蘭教會牧師館前。

　　衛惠林及謝繼昌在 1970 年代來埔里愛蘭田調的研究，發現埔里的巴宰族
群人口雖已泰半無法使用巴宰語，但在教會中仍能以平埔族巴宰語調吟唱基
督教聖詩及「挨央」（ai-yan）巴宰族過年的祭祖靈歌，而愛蘭教會正好扮演
這個接續族群意識的角色，這也正好說明平埔族群乃消失在「文化認同」上，
而非種族血統上的延續。個人在埔里愛蘭的探訪及與教會的牧師、長老及執
事訪談後發現，巴宰族人多是基督徒，基督信仰也可說是族人記憶中重要的
部分，所存幾乎是他在教會的共同集體活動，也可說是他們現在凝聚群體僅
存最重要的一股內聚力量。因此，巴宰族文化的復振活動多是藉由教會活動
組織來推動，基督徒的身分也可說是巴宰族群在台灣住民中平埔族中的一項
符碼，換句話說，在埔里巴宰族人的歷史文化與教會歷史的發展是息息相關
的。〔註21〕

　　巴宰族人於 1870 集體改信基督教，雖然不再有偶像崇拜及祭祀祖先的民
間信仰，但也在改信基督教的過程中，漸漸地失去自己的傳統祖靈信仰及文
化。根據林修澈《巴宰族民族誌調查》研究發現，以巴宰族群為主體的基督
教會對於巴宰族文化的復振與族群認同運動有其重要地位，而教會的各項事
工皆可與巴宰族的語言、文字、歌謠及文化的推動及傳承緊密地結合在一起。
1998 年神岡的大社教會、埔里地區的愛蘭教會、大湳教會、牛眠教會及苗栗
三義鯉魚潭教會等五間以巴宰族群為主體的教會成立「台灣巴宰族群文化協
會」，其成立的宗旨是以研究、收集、保存本族文物、史料、語言，並教育宣
揚巴宰文化為宗旨，〔註22〕也就是致力於巴宰族文化的復興與傳承。「台灣巴
宰族群文化協會」是最早以巴宰族為名的協會，協會的主要成員多半以基督
徒為主，主席由大社教會潘萬益長老擔任，總幹事則由賴貫一牧師擔任。其
後在各地區巴宰族人聚居地陸續成立的協會有「南投縣噶哈巫文教協會」、「南
投縣巴宰族群文化協會」（圖 5-9）及「苗栗縣巴宰族群協會。」〔註23〕

〔註21〕　鍾幼蘭，《族群、歷史與意義——以大社巴宰族裔的個案研究為例》（新竹：
　　　　　國立清華大學社會人類學研究所，1995），頁 27～28。
〔註22〕　南投縣巴宰族群文化協會成立大會暨第一屆第一次理監事會議手冊目錄，（南
　　　　　投：南投縣巴宰族群文化協會，2003）目錄頁。
〔註23〕　林修澈，《巴宰族民族誌調查》（台北：行政院原住民族委員會，2007），頁 73。

圖 5-9：埔里巴宰族群文化協會 2005 年參加鯉魚潭巴宰族人過年活動

資料來源：張素玢，《苗栗鯉魚潭巴宰族史暨古文書彙編》
（苗栗：苗栗縣文化局，2007），頁 81。

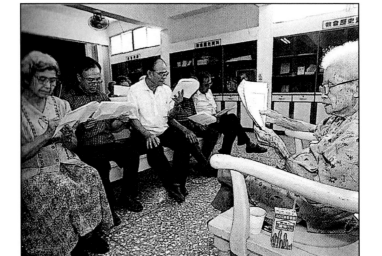

圖 5-10：愛蘭教會潘金玉女士的母語教學

資料來源：陸傳傑，《裨海紀遊新注》
（台北：大地地理出版事業，2001），頁 78。

　　巴宰族文化協會的成員多半是基督徒，各教會在籌備委員中至少要有一名巴宰族後裔，其中「南投縣巴宰族群文化協會」的成員多以愛蘭教會的巴宰族人為主要，其他如「噶哈巫文教協會」、「苗栗縣巴宰族群協會」幾乎也是動員教會人力，來進行巴宰族人歷史文化重建的工作（表5-2）。1999年在埔里愛蘭國小第一次舉行傳統文化的牽田走鏢活動，成為重建巴宰族人民族認同的依據，讓許久未見的巴宰文化重新呈現在族人的面前（表5-3）；〔註24〕至於巴宰語的文化復振則是邀請巴宰族耆老潘金玉進行族語教學，以羅馬拼音方式呈現（圖5-10）。歷年來的牽田走鏢活動，都採基督教的儀式作開場，其中包括基督教的聖餐禮，活動期間並有感恩禮拜及牧師證道、禱告。

表5-2：各區巴宰族社團成立一覽表

成立日期	協會名稱	會址	理事長／總幹事
2000	台灣打里摺文化協會	埔里——謝緯營地	劉益昌／賴貫一
2000	台灣原住民族學院促進會	埔里——謝緯營地	賴貫一
2000.5.1	南投縣 噶哈巫文教協會	埔里——守城份	潘首燦／黃美英
2003.6	南投縣巴宰族群文化協會	埔里——愛蘭教會	潘文輝
2003.8.14	南投縣 巴宰族群協會	三義——鯉魚潭	潘大和

資料來源：林修澈，《巴宰族民族誌調查》（台北：行政院原住民族委員會，2007），頁73。

　　農曆十一月十五日是巴宰族群的過新年，族人固定會以國曆的元月一日作為族群聚會、交流分享的時間，從地方耆老的致辭內容中，可以明確地知道巴宰族人除了懷念祖先外，對上帝更是無限感恩（圖5-11）。2004年由台南縣政府文化局主辦的「平埔會親——歷史文化的尋根活動」，愛蘭耆老潘金玉女士致詞中說到：

> 「早年阮巴宰的人和希拉雅眾人是好同伴，此個所在是首先砌教會的庄社，耶穌的教會從此傳向各地，阮巴宰和希拉雅作伙敬拜上帝」。

> 「我們巴宰的開山武干，來到新樓醫院，帶領宣教師去咱的部落，許多巴宰人回來敬拜上帝且砌教會，同一個宣教師照顧你們、咱們

〔註24〕林修澈，《巴宰族民族誌調查》，（台北：行政院原住民族委員會，2007），頁73～76。

眾多弘的庄社，那時我們作同伴，且成為同源的兄弟姐妹。」〔註25〕

由致詞中充分表達巴宰族人透過上帝的信仰來凝聚平埔族群的關係。2003巴宰族過年報新走鏢，潘金玉於內社（Taba）、埔里地理中心碑的致詞，表達了愛蘭、鐵山、四庄（牛眠、大湳、守城份、及蜈蚣崙）、大社與鯉魚潭的巴宰族同源一祖，而週邊的鄰居不論來自於布農、賽德克、邵族、泰雅族、洪安雅、拍瀑拉的人，都是源於上帝，更感謝上帝將其凝聚在一起（附錄七）。〔註26〕透過族中耆老的祈禱文及祝福話語可以反映出融合西方基督宗教祈禱與傳統儀式，這是西方宗教與傳統信仰結合的最佳寫照，巴宰族人不因重建傳統文化價值而失去其基督信仰。〔註27〕

表5-3：歷次巴宰族牽田走鏢活動一覽表

次/年	活動	地點	備註
第一次 1999.1.2	巴宰族群 牽田走鏢活動	埔里 愛蘭國小	出版 《巴宰族群文史手冊》 台灣巴宰族群文化協會 主辦 各教會協辦 第一屆聯合聖餐禮拜
第二次 2001.1.1	埔里族裔 牽田、走鏢聯誼活動	埔里	
第三次 2003.12.6	巴宰過年牽田 走鏢活動	內社 鯉魚潭	第一次有阿里史社長者，出席參加聯合過年活動
第四次 2004.11.27	巴宰過年牽田 走鏢活動	內社 鯉魚潭	各社盛裝參與 並 表演歌謠
第五次 2005.11.12	巴宰過年牽田 走鏢活動	內社 鯉魚潭	各社盛裝參與 並 表演歌謠
第六次 2006.11.11	巴宰過年牽田 走鏢活動	內社 鯉魚潭	各社盛裝參與 並 表演歌謠

資料來源：林修澈，《巴宰族民族誌調查》，頁74。

〔註25〕林修澈，《巴宰族民族誌調查》（台北：行政院原住民委員會，2007），頁76～77。潘金玉為巴宰族人，為愛蘭僅存尚會說巴宰語的族人之一，2004年在台南縣的平埔會親致詞上，全程以巴宰語發音，此文後由賴貫一牧師翻譯提供。

〔註26〕賴貫一，《台灣土龍傳奇──巴宰族群語教材教師手冊（文史篇）》（南投：台灣打里摺協會，2003），頁139～142。此兩篇的致詞皆以巴宰族發音，由賴貫一牧師提供翻譯全文。

〔註27〕林修澈，《巴宰族民族調查誌》（台北：行政院原住民族委員會，2007），頁25～26。

圖 5-11：2005 年在鯉魚潭舉行的巴宰族過新年暨民俗活動

資料來源：張素玢，《苗栗鯉魚潭巴宰族史暨古文書彙編》

（苗栗：苗栗縣文化局，2007），頁 79。

　　基督教會在埔里愛蘭地區透過傳統活動凝聚了族人的認同感，其在宣揚福音的事工上所扮演的角色也是不容忽視。根據衛惠林教授在 1969 年在埔里愛蘭的調查研究，巴宰族人未受漢化影響的歲時祭儀是過年祭祖，每年農曆十一月十日至十八日是巴宰族人新年祭祖靈的日子，族人於祭祖的深夜唱祭祖歌曲「挨央──ai-yan」祭祖靈歌，以表示不忘祖靈，不忘其民族根源的象徵意義，牽田走鏢則是其中重要的活動。隨著社會變遷及漢文化的影響，巴宰族的新年習俗已漸式微，1980 年代呂炳川教授在愛蘭里的田調紀錄發現，巴宰族人的祭祖慶典已改在漢人的農曆年大年初一，稱「慕祖會」。此一活動以歌頌祖先，當日不論是否為禮拜日，愛蘭教會的教友都會齊聚於教堂，共同祈禱感謝神；接著舉行「敬老會」，外出謀生的族人也會返鄉共同慶祝。〔註28〕此外，巴宰族人中的基督教徒早已將「挨央──ai-yan」祭祖靈歌編成「聖詩」傳唱（圖 5-12，圖 5-13），這些聖詩的曲調大部分是由巴宰族人的傳統音樂編唱的，這對改信基督教後的巴宰族人來說，極具有深厚的族群文化認同感。

─────────────

〔註28〕這種過年節日的敬老活動是愛蘭地區特有的慶典，敬老會是凡六十五歲以上的人均可領賞，巴宰族人昔日捉大魚送祖先，因此其本質上是對祖先及老人的一種敬仰，每年農曆元月初一早上九點，特別集會參加『敬老會』即是對上帝感謝一年來的平安。〈試論巴宰族祭祖歌謠 a-yan 的小宇宙〉，《台灣文獻》，第 57 卷第 3 期（台中：台灣省文獻會，2006），頁 211。

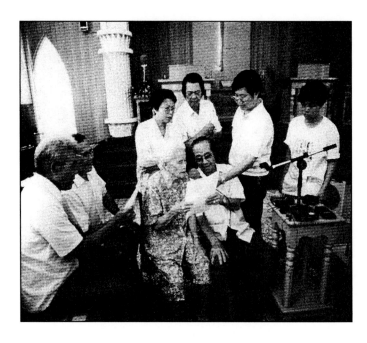

圖 5-12：愛蘭教會聖詩教唱

資料來源：劉還月，《尋訪台灣平埔族》（台北：常民文化出版，1995），頁 261。

圖 5-13：透到天堂永活所（Pazeh 曲調）

資料來源：〈試論巴宰族祭祖歌謠 a-yan 的小宇宙〉，《台灣文獻》，第 57 卷
第 3 期（台中：台灣省文獻會，2006），頁 211。

　　由上述內容看來，長老教會的歷史與平埔族巴宰文化緊密聯結，說明了
地方宗教與當地文化發展的淵源。然而，愛蘭長老教會牧師陳清恩認爲，基
督教是普世宗教，「在基督裡，教會是一體的，是聖而公的。教會是上帝百姓
的團契……是普世的，又釘根在本地。教會應超越政治、文化、種族的隔
閡……」〔註 29〕，因此，現在的愛蘭教會已成爲社區的信仰文化中心，宣揚
上帝基督福音，若說愛蘭教會是巴宰族人的教會，似乎將基督教信仰狹隘化；
徐大智在〈巴宰族的文化復振〉中也提到，巴宰族的文化復興主導者多以基
督信仰的巴宰族人爲主，容易讓人將巴宰族與教會劃上等號；傳統祭儀文化
的恢復與基督教會的信仰是否會造成矛盾或衝突，而巴宰族的文化復振是否
該另闢途徑，仍有待繼續的研究與觀察。

第二節　愛蘭教會的困境與突破

　　烏牛欄教會建立之初僅是以茅草搭蓋的禮拜聚會所，1880 年教士會派施
大闢牧師（Rev. David Smith）爲監工，重建第二間禮拜堂。1883 年禮拜堂昇
格爲正式的堂會。1894 年中日甲午戰爭爆發，次年簽訂馬關條約，台灣被迫
割讓給日本，日軍登台後，造成社會秩序紛亂。由於政權的更迭，社會動亂，
台灣民眾與基督徒間的衝突更加嚴重，致使各地方的教會受到重大的迫害及
損失。

　　日軍登台之初，台灣民眾認爲日本的入侵與基督徒有關，所以許多教會
受到嚴重的打擊。而日軍則認爲基督徒唆使暴徒反抗日軍，除了將禮拜堂佔
爲駐軍之用外，並且大捕基督徒，造成許多的傷害。據〈長老教會百年史〉
的記載，北部教會的禮拜堂被日軍佔用的多達二十所，信徒被殺和失蹤者計
有七百三十五名。〔註 30〕南部則發生麻豆禮拜堂被激憤的民眾搗毀，教徒被
屠殺者約十九人，是爲「麻豆事件」。〔註 31〕〈愛蘭教會設教五十週年簡史〉

〔註 29〕台灣基督長老教會總會，《認識台灣基督長老教會》（台北：使徒出版社，
　　　　2008），頁 65。
〔註 30〕日本基督教會細川瀏牧師來台，多方協助台灣教會，次年河合龜輔牧師來台
　　　　向日本人傳道。台灣基督長老教會總會歷史委員會編，《台灣基督長老教會百
　　　　年史》（台南：台灣基督長老教會，2000），頁 96。
〔註 31〕黃武東。徐信謙合編，《台灣基督長老教會歷史年譜》（台南：人光出版社，
　　　　1995），頁 88～90。李佳奮，〈1895 年麻豆基督長老教會事件〉（台南：台南
　　　　大學台灣文化研究所碩士論文，2011），頁 77～108。渡邊信夫（著）、蘇慶輝
　　　　（譯），《亞洲宣教史》（台北：永望文化事業有限公司，2002），頁 144～149。

記載，當時地方出現的混亂情形，使得教會也陷入困境之中。

> 一是由於地方居民的誤解而引起的，他們認為日本人所以會來統治
> 台灣乃是由於入教的信徒帶領之故，因而地方居民對於信徒懷著強
> 烈的敵意及極重的仇視心理，另一種則是信徒的信心問題，當信徒
> 聞及某教會的會友被打死或某傳道人被圍打時，產生了心理的恐
> 懼，為了顧及性命，便放棄他的信仰，也失去了他的信心。教會因
> 此而衰弱，信徒因此日漸減少。

當時地方上的盜匪為害更甚於日軍的屠殺，愛蘭教會傳道人潘文明先生（圖 5-14）指揮村民成立村莊自衛組織以對抗伺機危害地方的盜匪，而潘踏眉開山及守城份的潘郡乃則運用高度的智慧折衝於日軍之間，使庄社傷害到最小，挽救了無數族人的生命。〔註 32〕英國長老教會巴克禮牧師（圖 5-15）及宋忠堅牧師（圖 5-16）前往會見乃木希典將軍，將地方士紳的連名冊呈上，表明台南城民無意抵抗，日軍則以兩位牧師為嚮導順利進入府城（圖 5-17）。〔註 33〕

圖 5-14：傳道師潘文明

資料來源：愛蘭教會提供。

圖 5-15：巴克禮牧師

賴永祥，《教會史話》，第四輯（台南：人光出版社，1998），頁 116～117。「麻豆事件」發生於 1895 年十月，由於由於澎湖馬公傳道人林赤馬被日軍徵用為嘉義布袋嘴登陸的嚮導，被民眾誣指為是日軍的協力者，一時「吃教的通蕃」謠言四起，十月十三日，禮拜堂被毀，其中十五位基督徒及四位被連累的非信徒，共十九人被捕殺。

〔註 32〕愛蘭教會，〈愛蘭教會五十週年簡史〉，《愛蘭教會百週年紀念特刊》手稿（南投：愛蘭教會，1971）。

〔註 33〕黃武東、徐信謙合編，《台灣基督長老教會歷史年譜》（台南：人光出版社，1995），頁 88～90。

圖 5-16：宋忠堅牧師　　　圖 5-17：巴、宋兩牧師引日軍進府城圖

資料來源：郭乃惇，《基督教初傳台灣》（高
雄：雅各出版社，2009），無頁碼。

　　據《台灣基督長老教會百年史》所記載，日本據台後對基督教尙懷好感，
軍隊不隨便殘殺基督徒，民眾對基督教有更進一步的認識，1895 年底日本基
督教會曾派慰問使節細川瀏牧師等人來台宣教，關心在台日本人的傳教，
1896 年日本基督教會傳道局派牧師河合龜輔來台向日人傳教，並在台灣南
部、北部都設了教會，間接地協助台灣教會的發展。〔註 34〕隨著「皇民化運
動」的推展，台灣住民的信仰也隨之改變爲日本的國家神道信仰，長老教會
被迫要求設置神棚奉祀日本的「神宮大麻」，教會在禮拜或是開會前必須先行
唱日本國歌，向日本皇宮及皇太神宮遙拜，並要求以日語講道。〔註 35〕埔里
愛蘭教會信徒潘勝輝任職於埔里街役場助役時，曾因拒拜而遭監禁，另一位
信徒潘阿里也堅決不信奉「天照大神」、不奉棚，遭日警嚴審監禁於拘留守，
後都因熱心人士協助使可脫困。〔註 36〕日本「皇民化運動」的宗教政策使台
灣基督教會陷入宣教困境，在太平洋戰爭爆發前一年（即 1940 年底）駐台的

〔註 34〕台灣基督長老教會總會歷史委員會編，《台灣基督長老教會百年史》（台南：
　　　　台灣基督長老教會出版，2000），頁 97，112。
〔註 35〕台灣基督長老教會總會，《認識台灣基督長老教會》（台北：使徒出版社，
　　　　2008），頁 16～17。
〔註 36〕陳玲蓉，《日據時期神道統制下的台灣宗教政策》（台北：自立晚報社文化出
　　　　版部，1992），頁 232。《台灣基督長老教會愛蘭教會百週年紀念特刊》大麻是
　　　　代表天照大神的神符，凡是無法前去伊勢神宮祭拜者，可以敬神的心向神社
　　　　領取大麻，其靈驗程度如同天照大神本尊。

外國宣教師被迫撤出台灣，全數離台返國。〔註37〕這表面上固然對台灣基督教是一大打擊，但長老教會已達到自治、自養及自傳的宣教階段，〔註38〕教會內部的組織也漸趨健全，此時本土牧師在地方教會中扮演的角色益形重要，爲日後長老教會在台灣奠定了深厚的本土色彩。1895 年台灣政權更替，地方教會的組織事工仍持續的發展。〔註39〕教會在 1920 年開設主日學，潘打眉與潘踏宇相繼爲校長，教員從 2 到 10 名，學生則多達 140 名，1929 年成立青年會，鼓勵青年親率隊整理村庄之環境，及飲用水的水井，並指導青年人服務教會與村里，1936 年成立佈道隊，在埔里街頭巷尾或前往各部落從佈道，並在社群中教導識字。〔註40〕

日治時期發展出來的村庄保甲組織，爲戰後的台灣社會奠定了良好基礎。日治時期愛蘭地方的行政區劃以最初的烏牛欄、大瑪璘、阿里史及崁頂社等平埔四庄爲基礎，烏牛欄及大瑪璘合編爲埔里廳第十五保，即現今的愛蘭里；阿里史及崁頂社合編爲第十六保，即現今的鐵山里。〔註41〕清代的埔里烏牛欄社最先成爲巴宰族部落的領導領袖，乃至於能夠影響巴宰族人的改宗信仰基督教，而烏牛欄教會自巴宰族人改宗後，即在地方上扮演重要角色。〔註42〕台灣歷經日本逾半世紀的統治，台灣長老教會的宣教除了「皇民化運動時期」受到部分的阻礙外，其他教務一如往常。戰後台灣社會各地方的行政組織尚未發展完善前，地方建設的領導人往往是村庄的長老，而長老教會由於組織建全，且行事有效率，多方的物資支援，因此在地方的復員上發揮

〔註37〕黃武東、徐信謙合編，《台灣基督長老教會歷史年譜》（台南：人光出版社，1995），頁 324～325。

〔註38〕吳學明，〈台灣基督長老教會的三自運動（1865～1945）〉，《台灣基督長老教會研究》（台北：財團法人基督教宇宙光全人關懷機構，2006），頁 162～173。1915 年，南部教會吳希榮牧師出教會應該要自治、自養、自傳，即所謂「三自」，即基督教「本色化」的一環，其中所謂的「自傳」即台灣本地傳道者可以擔負起傳播福音的工作。

〔註39〕洪秀桂，〈南投巴宰海族的宗教信仰〉，《台大文史哲學報》，第 22 期（台北：台灣大學文學院，1973），頁 481～485。

〔註40〕1936 年宋尚節博士在台中柳原教會舉行佈道大會，教會傳道師潘明忠率領會友前往赴會，返鄉後即合力組織佈道隊，成員中男女皆有，潘仁儀及潘文德分別爲第一、二任的隊長。〈愛蘭教會百週年紀念特刊〉手稿。

〔註41〕唐淑惠，〈流變的地方性：埔里愛蘭台地文化認同與社群研究〉（南投：國立暨南大學人類學研究所碩士論文，2009），頁 10，47。

〔註42〕衛惠林，《埔里巴宰七社志》（台北：中央研究院民族研究所，1981），頁 105。

了極大的功能。由此可知日治初期，雖歷經政權轉移，社會動亂不安，但基督教育及社區服務使得愛蘭地區成為埔里最進步的地方。

　　1945 年正值大戰結束台灣光復，羅文福牧師以舊禮堂狹小，無法容納信徒聚會為由，設法改建，由於戰後物資缺乏，經費困難，而以日軍倉庫所遺存的舊本材建造，興建臨時禮拜堂（圖 5-18）。1948 年烏牛欄改為愛蘭，教會正式更名為「愛蘭教會」，為因應教會擴充重建的經費不足，1953 年潘勝輝長老及黃萬益先生聯合奉獻一塊土地，作為建堂之用，1956 年趙信恩傳道以磚瓦協助重建第四間禮拜堂（圖 5-19，圖 5-20，圖 5-21），奠定 1971 年愛蘭教會百週年重新修建的基礎（圖 5-22，圖 5-23）。1971 是愛蘭教會設教百週年，教會擴建主日學、幼稚園教室、牧師館、圍牆等（圖 5-24、圖 5-25）。1981 年為紀念愛蘭教會設教 110 年週年，增建教育館包括靈修會館、圖書館及歷史館。靈修會館作為教會歷史文物的展示區，陳設各類圖書資料外，也是兒童主日學及各種教會靜態活動的場所（附錄八）。

圖 5-18：日治時期木造臨時禮拜堂

圖 5-19：興建中的教會

圖 5-20：奠定愛蘭教會的基石　　　圖：5-21 愛蘭教會第四間禮拜堂

圖 5-22：愛蘭教會第五間禮拜堂　　圖 5-23：愛蘭教會牧師館外觀

資料來源：愛蘭教會提供。

圖 5-24：愛蘭教會靈修會館　　　圖 5-25：愛蘭教會現在外觀

攝於 2010.8.20　　　　　　　　　攝 2010.8.20

第三節　愛蘭教會的消長與轉型

　　1945 年以後埔里農村社會除了因人口的外移而造成的經濟衰退外，基督教在平埔聚落宣教面臨重大的考驗。據〈台灣基督教長老教會愛蘭教會百週

年紀念特刊〉所載，埔里愛蘭台地上的巴宰族群，在 1932 年即已有人口遷徙外地的現象，其足跡遍及埔里、花蓮及高雄等地。而戰後埔里糖廠廢止，造成失業人口眾多，男女青年外出就業者眾，村民不斷向外遷徙，進入霧社、日月潭、台中及台北者已不在少數，而在村里的人口當中，除了老邁的長者及年幼的學童外，尚餘少數中壯年青年人，要持續發展，只有依靠產業的轉型，始得維持生計。〔註43〕由此觀之，教會所面臨的不僅是人口外流的問題，族人的民生經濟顯然是最根本的原因。基督教要求信徒嚴守安息日誠心敬拜上帝，放棄當日半天的產業活動參加教會的主日崇拜，早期信徒勉強可以遵行，但 1960 年代，台灣社會已由農業逐漸轉型為工業化的社會，競爭日形激烈，因此要嚴格守安息日似乎已不可能。信徒為了家庭生計，自然選擇離開教會向外遷移進入了週邊的市鎮。1965 年正好是台灣基督長老教會在台宣教一百週年，同時期政府極力推行台灣工業化，台中及高雄設立的加工出口區，吸引大批農村青年進入城市，農村教會中的信徒因此大量外流，教會聚會的人數因此減少。

　　相對於外流的人口，埔里愛蘭也陸續有外來人口進入，使得愛蘭地區的宗教信仰及人口結構出現了改變。教會在 1960〜1970 年代第二代及第三代的基督徒漸受到世俗文化的影響，在信仰上所呈現出不堅信的現象更加明顯。這些影響包括：（1）地方民間宗教信仰：外來人口當中非基督徒，帶來漢人的佛道民間信仰，在大瑪璘梅村社區，原有許多基督教信徒，但後來以醒靈寺信三恩主公為祭祀對象，基督信仰似乎已很少見了。阿里史社的鐵山里社區，也由原本集體改信基督教，而後信奉西鎮堂的齊天大聖。（2）家族當中有人改信其他宗教，因此影響家族中信心不堅定者，造成教會信徒的流失。（3）與教會的神職人員有關：教會人數的增長與牧師信心的增長有關。教會人數的增減除了可以看出教會的發展教勢外，也可窺探出教會內部的運作情形。依長老教會的規定，教會的傳道人及牧師是受長老及執事的聘用，也決定了駐堂牧師的去留，其中長老及執事的決策也足以影響其他的信眾。在愛蘭教會百年歷史中，常因政治環境的變遷及社會、經濟、文化的衝擊而影響信徒的信仰信心；也有因傳道人（牧師）個人的品行道德上出現問題，影響信徒

〔註43〕台灣基督長老教會總會，《認識台灣基督長老教會》（台北：使徒出版社，2008），頁 21。愛蘭教會，《台灣基督教長老教會愛蘭教會百週年紀念特刊》（南投：愛蘭教會，1971），頁 34〜35。

對傳道人的尊敬與順服，因而降低了對信仰的追求，甚至離開教會。〔註 44〕根據洪秀桂的研究，牧師在教會中是重要的領導人物，但由於長老教會是長老與執事共同治會，許多決策及執行仍由會友決定，因此，一旦牧師出現個人道德及人格上的問題，或是講道內容不符合信徒需求的時候，很可能就會被解雇。愛蘭教會曾因牧師個人操守問題與信徒間發生爭執，被信徒集體趕走，短期間內教會沒有牧師，雖然信徒中仍可以維持聚會，但也造成福音傳播上的嚴重問題。

　　戰後台灣社會的急遽變遷，愛蘭地區的平埔族人除了受到產業變遷帶來的經濟負擔外，工商業化也加速了人口的遷移變動，因此巴宰族人在愛蘭地區已由多數轉而為少數族群。以巴宰族人為主體愛蘭教會的信徒當中，「潘」姓有平埔族血統的信徒雖仍佔多數，但與早期教會中幾乎全是巴宰族人為主體的時期比較，已相去甚遠了。族中的耆老凋零，而青少年人有些不知自己是平埔族，對自己的傳統文化如過年報新、牽田走標及祭祖歌謠已漸漸陌生。然而，這些危機正好是愛蘭教會的轉機，進入廿一世紀，愛蘭教會再度成地方的宣教信仰中心及巴宰族人的文化傳承中心。自 1999 年開始，巴宰族人回復族牽田走鏢活動，開場儀式以基督教感恩禮拜為起始，這說明教會與巴宰族人的文化發展及傳承，有著密不可分的關係。

　　六十年代埔里因為經濟產業的轉型，造成人口外流他鄉，使得教會信徒減少，另外，受到外在的諸多因素，教會的教勢發展確實受到不少的阻礙。然而有一群從愛蘭教會出走到外縣市工作或生活的人，為了能讓在外地的巴宰族信徒彼此間能維繫感情不至疏離，於是在北部、中部及南部成立互助團體，名之為「蘭僑」，意謂著由埔里愛蘭教會外出謀生的巴宰族人，呼其為僑民，此即「蘭僑」組織的由來。〔註 45〕這些出外謀生的巴宰族人在外地的工作很受到業主的肯定，已故愛蘭長老教會的潘榮章長老對此感到光榮，因為這些由愛蘭出去的居民當中很多人是醫生，而「蘭僑」在人數最盛的時候，曾到達四百多戶，幾乎遍及全台，甚至連外國都有「蘭僑」的踪跡。〔註 46〕

〔註44〕陳清恩牧師口述，李靖唐訪談記錄，埔里愛蘭教會牧師館前，2010 年 8 月 20日。

〔註45〕林修澈，《巴宰族民族誌調查》（台北：行政院原住民族委員會，2007），頁 92～95。

〔註46〕游重光，〈平埔族的最後樂土〉，陸傳傑著《裨海紀遊新注》（台北：大地地理出版事業股份有限公司，2001），頁 85。

　　陳俊傑在埔里的調查指出，基督教信仰一直是愛蘭人精神上的支柱，也是巴宰族人與漢人之間不同族群意識的區別，教會凝聚了愛蘭巴宰族人的向心力與民族自信心。〔註47〕另外根據林修澈對巴宰族群現況的訪查結果也可以明顯看出各地區「蘭僑組織」除了對離鄉背景的巴宰族人有實際上的照應外，最重要的是透過基督信仰來維持彼此的關係，而地方教會通常成爲族人聚會、聯繫情感的地方。聚會時，除了有禮拜、唱聖詩及禱告外，巴宰族語的歌謠教唱及族人的生活經驗分享，成爲成立蘭僑組織最重要的目的。調查報告中根據「蘭橋」協會北區聯誼會的現任會長潘啓瑞長老的敘述，蘭橋在全台各地共分爲北區、中區及南區，北部聯誼會最早是在新竹、桃園及台北縣市的愛蘭移民來參加的，後來基隆、宜蘭的族人也都來參加，大部分是在北門教會聚會。〔註48〕由此可知，愛蘭教會一直讓愛蘭的巴宰族人有強烈的向心力及認同感，族人的情感透過教會密切交流，巴宰族的族群認同意識隨著信仰加深加廣。

　　由於社會的變遷，蘭僑組織對外地的巴宰族人的凝聚力量已漸趨勢微，年輕一輩的族人在多元文化的社會中，或許找到新的認同，族群意識淹沒在新的主流價值觀中；或者新的宗教取代了原有的信仰。此外，各地方「蘭僑」組織的成員逐漸老化，新一代的年輕人較少參與組織活動，都是造成蘭僑組織功能不彰的主要原因。筆者走訪愛蘭台地時發現，漢人的民間信仰已漸漸地深入這個當初奉靠基督信仰爲主流的平埔聚落，當基督長老教會不再是族人唯一的信仰依靠的時候，教會組織失去了族群的主體性之後，巴宰族人要以什麼方式來繼續維持其民族文化的希望，而愛蘭教會的教勢發展又會是如何，這是一個值得深入探討的課題。現今埔里愛蘭台地上除了平埔族群外，同時融入許多閩、客族群，地方呈現多元化的面貌，愛蘭教會已成爲非單一族群的教會。陳清恩牧師指出：

> 現今是民族融合的社會，教會不應再分族群。從歷史的角度看，平
> 埔族在漢人社會中被視作「番」，表示弱勢，在族群認知上更曾恥於
> 自己是平埔族，因此平埔族人接受西方文化——基督教會使提升自
> 己社會地位。基督教進入台灣的初創期，以弱勢團體爲優先宣教的

〔註47〕陳俊傑，《埔里開發的故事——平埔族現況調查報導》（南投：財團法人南投縣立文化基金會，1999），頁 27～28。

〔註48〕同上註，頁 28。

對象，平埔族群在漢人的優勢文化中接受基督宗教，成爲承接基督
福音的第一棒，而巴宰族是中部第一個接受福音的族群，自然有其
重大的歷史意義，因此在談到愛蘭教會，必定會以巴宰族爲主體，
這是自然的現象，然而從宗教立場出發，教會是不該分族群的，因
爲這是神的教會，其中牧者由神差派而非由人決定。〔註49〕

從此觀點出發，巴宰族人在愛蘭教會中地位及角色並非不再重要，反而
更加突顯地方教會的宣教本質及使命，走進地方社區宣揚基督教信仰。〔註50〕
正如長老教會總會於 1984 年通過的〈台灣基督長老教會信仰告白〉〔註51〕所
說：「阮信，教會是上帝百姓的團契，受召來宣揚耶穌基督的拯救，做和解的
使者，是普世的，復釘根在本地，認同所有的住民，通過愛和受苦，來成做
盼望的記號」。〔註52〕

戰後台灣教會非常重視宣教，注重教會的宣教本質及使命，因此曾於 1970
年代推動一連串的宣教運動，其中最具代表的是「倍加運動」〔註53〕及「新
世紀宣教運動」〔註54〕，著重在教堂建築物的增建、主日禮拜的出席、會友

〔註49〕 陳清恩牧師口述，李靖唐記訪談記錄。2010 年 8 月 22 日埔里愛蘭教會牧師館
　　　　 前。
〔註50〕 鄭仰恩，《歷史與信仰──從基督教觀點看台灣和世界》（台南：人光出版社，
　　　　 2004），頁 135。
〔註51〕 1970 年以後，台灣基督長老教會面臨政治壓迫，基於信仰的良知及認同鄉土、
　　　　 人民的態度，先後發表三項宣言：1971 年「對國是的聲明與建議」、1975 年
　　　　 「我們的呼籲」及 1977 年「人權宣言」之後，於 1984 年爲表明基督長老教
　　　　 會的信仰立場，於是發表「台灣基督長老教會信仰告白」，雖然頗具政治性，
　　　　 但仍可說明基督教各地方成立的宣教本質是不變的。參看洪辭惠，〈台灣政教
　　　　 關係之研究──以台灣基督長老教會三大宣言爲中心〉碩士論文（桃園：國
　　　　 立中央大學歷史研究所，2009），頁 105～157。台灣基督長老教會總會，《認
　　　　 識灣基督長老教會》（台北：使徒出版社，2008），頁 31～32。鄭仰恩，《歷史
　　　　 與信仰──從基督教觀點看台灣和世界》（台南：人光出版社，2004），頁 135
　　　　 ～136。
〔註52〕 台灣基督長老教會總會，《認識台灣基督長老教會》（台北：使徒出版社，
　　　　 2008），頁 93。
〔註53〕 1954 年，南部大會決議以這十年來籌設宣教百年的慶典，內容包括獻金達到
　　　　 一千萬元，作爲慶典用之基金，另信徒、教會數也要增長。但後來，這活動
　　　　 在 1959 年由總會接手，成爲全台性的事工。台灣基督長老教會總會，《認識
　　　　 台灣基督長老教會》（台北：使徒出版社，2008），頁 27～28。
〔註54〕 新世紀宣教運動：以神學研究單位爲主，來幫助教會教育平信徒。同時也提
　　　　 出總會事工機構重整方案，希望能夠精簡總會組織，以提高行政事工及執行
　　　　 效率。2 忠僕運動：注重的是研讀聖經及其時代信息，增強信徒的使命感、關

人數的增加及關懷特定的宣教地區等。地方教會定期出版的〈會員和會手冊〉是了解教會教勢發展的重要文件，其中的小會報告事項，定期將每一年度的統計項目羅列發表，包括信徒人數、長執人數、信徒增長動態、主日崇拜等眾會出席及財務狀況，經教會統整後陳報中會並備查。由於愛蘭教會的歷史久遠，資料保存及處理上難免有欠缺，只能透過〈1982～2010 年會員和會手冊〉中教會人數消長的分析了解教會教勢的發展。〔註55〕

表 5-4：愛蘭教會 1982～2010 年教勢發展統計表

項目 年份	成人 會員	小兒 會員	不在 會員	慕道友	信徒數	成人／兒童 洗禮	轉入／ 轉出
1981	224	331			555		
1982	229	81			310		
1985	229	911			1140		
1986	229	915			1145	4/4	1/4
1993	238	94	42	45	419	8/4	0/11
1996	201	98	64	51	414	1/3	2/3
1997	195	84	32	40	351	6/4	5/22
1998	210	87	34	30	361	10/6	5/3
1999	204	92	50	55	401	5/3	0/4
2000	192	93	66	70	421	2/3	5/3
2001	185	93	78	70	426	5/1	2/5
2002	191	84	91	70	436	16/8	4/14
2003	212	97	87	70	466	9/7	15/5
2004	217	99	92	70	478	8/4	0/4
2005	225	95	93	68	481	2/6	3/6
2006	207	95	123	68	493	5/5	5/4
2007	203	97	123	66	489	2/2	0/6
2008	200	96	133	61	490	8/3	3/4
2009	283	96	51	58	488	3/1	0/2
2010	236	98	84	53	471		

註：1.成人會員及小兒會員數，包括現有會員及不在會員，即現有「會員數」。
　　2.會員數與慕道友數即是信徒數。

心、服務等。3 自立與互助運動：1976 年總會把上述兩個活動結合，推出此次的活動，旨在希望各個地方教會可以達到真正的自立。4 信徒什一增長運動：旨在要求信徒數的增長，希望每間教會能增加百分之十。台灣基督長老教會總會，《認識台灣基督長老教會》（台北：使徒出版社，2008），頁 30～35。
〔註55〕 愛蘭教會〈1982～2010 年會員和會手冊〉。

3.「慕道友」是對信仰真理有所追求，但未堅定信心受洗成為信徒者。

4.轉出即除籍，原因大致有三：開除、轉入其他教會及死亡。

資料來源：台灣基督長老教會愛蘭教會會員大會手冊（1982～2010）

　　由「1982～2010 年教勢發展統計表」（表 5-4）的教勢人數統計資料可以看出愛蘭教會近三十年的教勢發展。1981～1992 年間雖未列出「不在會員」「慕道友」「成人／小兒洗禮」及「轉出／轉入」人數，但約略可估算出其「信徒數」，但從信徒人數的增減來看，其落差之大令人費解。從 1993 年開始，教勢的記錄穩定，除 1997～1998 信徒人數有相當的落差外，其餘皆呈現穩定成長的局面。

　　在探討教會教勢消長的同時，不得不正視近年來台灣基督長老教會信徒的流失現象。綜觀戰後在鄉村的長老教會信徒，經歷產業轉移而造成人口大量的流失，已是不爭的事實，其次人口的老化與凋零，對教勢的發展也是一項重要的打擊。對此，陳清恩牧師提出不同的思考方向，他認為所謂的「流失」要從不同的面向去討論，而且有不同的定義。長老教會有會員名冊簿，不論遷入或遷出，信徒資料清楚明確，除非信徒出入未作明確登載，否則只要進入同屬長老教會的體系中則無關「流失」問題。他說愛蘭教會是一間有歷史的教會，因為地緣關係，愛蘭台地上的基督信徒即使來來去去，但終究會回到自己的「母會」〔註56〕（圖 5-26，圖 5-27）。

圖 5-26：愛蘭教會講堂

資料來源：愛蘭教會提供。

圖 5-27：愛蘭教會禮拜堂

資料來源：愛蘭教會提供。

〔註56〕陳清恩牧師口述，李靖唐訪談記錄。2011 年 11 月 26 日，埔里愛蘭教會牧師館前。

　　對於教會中的年輕族群是否能在當地持守住基督信仰，凝聚族人的向心力是教會擴張的主要指標。愛蘭教會長老潘文輝（南投縣巴宰族群文化協會理事長），認為年輕一輩的族群到外地讀書或工作，受到當地文化影響，有些人不再進教會，有些人則找到適合自己的教會，與長老教會漸行漸遠。〔註57〕對此，長老教會總會乃至各地方教會都已注意到此一問題，張懋禛指出雖然目前尚未有針對長老教會青少年流動趨勢的研究，〔註58〕但可以發現這些流失到外教派的青年人，即使對傳統教會有很多不習慣，但對長老教會仍有濃厚情感。

　　在基督長老教會中，青年族群的流失可說是普遍現象，這其中所涉及的因素不僅多且複雜，並非一時可以說明清楚。但是根據研究，台灣基督長老會承接西方改革宗教會的歷史傳統，禮拜的儀式精簡，重視信徒在禮拜儀式中直接參與，其精神是「恩典是上帝所賜」、「以聖經為原則」、「信徒皆祭司」、「以本國語作為禮拜語言」、「禮拜簡樸化」及「唯獨榮耀上帝」。長老教會的禮拜透過眾人的聚集，對上帝敬拜、祈禱、讚美，而講道是禮拜的中心，「等待」、「恭聽」及「回應」上帝的話成為禮拜程序的主軸。〔註59〕但由於儀式嚴謹，信徒間不僅缺乏肢體及語言間的互動，甚至問候及彼此關懷的機會都不多；另外限於「以本國語作為禮拜語言」的基本精神，長老教會全程以台語講道，對年輕族群來說似乎是另一道的阻隔。〔註60〕因此近年來愛蘭教會因應時代變遷、信仰價值混淆的需要，另外在台地上的福音中心成立了華語堂；〔註61〕（圖5-28，圖5-29）另一方面教會也漸漸改變傳統僵化的禮拜儀式，將「敬拜讚美」〔註62〕的聚會及敬拜方式帶進教會，近年來也開始嘗試

〔註57〕潘文輝長老口述，李靖唐訪談記錄。2009年8月26日，埔里愛蘭教會禮拜堂。

〔註58〕張懋禛，〈再見了！長老教會！？〉，《新使者》，第74期（台北：新使者雜誌社，2005），頁4～7。作者張懋禛曾任台灣基督長老教會總會研究與發展中心助理研究員。

〔註59〕駱維道，〈三段式禮拜儀式之再思〉，《新使者》，第63期（台北：新使者雜誌社，2001），頁8。

〔註60〕胡忠銘，《禮拜的更新》（台南：人光出版社，2000），頁177。

〔註61〕愛蘭教會華語堂位於愛蘭里鐵山路1-7號的福音中心，駐堂牧師為陳清白牧師。華語堂早期是愛蘭教會為能擴展不同族群宣教對象而設，但現在則因地利之便，成為愛蘭台地上的另一聚會所，唯仍以華語為主，敬拜程序與愛蘭教會不同。

〔註62〕柯玲真，〈敬拜讚美與長老教會〉，《新使者》，第106期（台北：新使者雜誌社，2007），頁55～57。「敬拜讚美」這是受到八〇年代第三波靈恩運動的影

以此種方式來帶動禮拜時的氣氛，盼能為教會新一代的族群人口，找到信仰上的新出路。

圖 5-28：愛蘭教會福音中心　　圖 5-29：愛蘭教會華語堂內部陳設

攝於 2011.11.26

　　就個人在愛蘭教會參與禮拜過程的實地經驗，這種敬拜模式雖然可以帶動敬拜上帝的熱情，但僅止於年輕人，至於教會中的長者則是很難適應，潘英寬長老認為敬拜讚美是解決教會年輕人口流失的方法之一，但仍應顧及教會中的長者，切勿在這股熱情的敬拜浪潮中迷失，他認為當今教會最該做的是凝聚族人的向心及族群意識，並且透過基督信仰扮演巴宰族人延續族群命脈的角色，如此方能找到愛蘭教會百年來在「烏牛欄」台地上的歷史定位。

響，透過宣告邀請、建立與神及會眾的關係，輔以短歌揚聲讚美、俯伏微聲禱告敬拜，最後進入神與人建立起親密關係的階段。

第六章　結　論

　　本論文探討以英國長老教會在埔里巴宰族聚落的宣教，闡述愛蘭教會的建立與發展歷程及其所帶來的影響。埔里愛蘭教會位於今日埔里鎮愛蘭台地上，早期稱為烏牛欄禮拜堂，自 1871 年成立以來，一直是族人凝聚向心及族群認同的文化信仰中心。巴宰族群的祖靈崇拜是其重要信仰，隨著十九世紀基督教海外宣教的潮流，英國基督長老教會宣教師進入台灣平埔聚落宣教，很快被接納成為中部平埔族群的另外一種宗教信仰，中部巴宰族人也因此改變傳統的祖靈祭祀，集體改宗信奉基督教，1871 年愛蘭教會由英國宣教師的協助下建立禮拜堂，成為埔里地區基督教信仰的重要策源地。

　　台灣中部平埔族群的五大族群道卡斯族、拍瀑拉族、巴宰族、巴布薩族及洪安雅族中以巴宰族岸裡社對中部地區的拓墾及開發深具影響力。自十八世紀初，巴宰族岸裡社人即在助清平亂的幾次戰功中，取得清政府拓墾土地的權利，成立岸裡大社，成為中部最大的發展勢力。在此同時漢人張達京進入巴宰族的領域，取得平埔族人的信任後，組織「六館業戶」，並透過各種方式取得平埔族土地，成為清代開墾中部土地的最大勢力。中部巴宰族人在與漢人相處的過程中，巴宰族人嚴重的漢化，傳統語言、文化大量的流失，在感受到無法阻擋漢人優勢文化的情況下，為免於亡族滅種，於是在十九世紀中葉起，巴宰族人隨著中部其他平埔族人遷徙入埔，在埔里各自以舊有的社群，形成不同的聚落，從族群的分布位置不僅可瞭解其先來後到的時間，更可從跨族群的活動中，知曉族群間的互動關係。

　　中部平埔族大規模的民族遷徙原因錯綜複雜，多數學者主張生存空間受到威脅，人口成長的壓力，漢人優勢文化受到壓迫，有原鄉的推力也有他鄉

的吸力，而學者洪麗完則將平埔族群遷徙進入埔里拓墾的集體行動提升到「發自內在」的平埔熟番集體意識的展現。而中部巴宰族群的主要聚落分布在包括埔里的巴宰族社區了兩個舊聚落群，一個烏牛欄台地上的烏牛欄社（愛蘭里）及阿里史社（鐵山里），另一個是眉溪流域四社，即牛眠山 Paiisia、守城份 Pauvunun、大湳 Karehut 與蜈蚣崙 Tauvin，另外尚有苗栗三義的內社及台中神岡的大社。這些巴宰族群所面臨的共同問題是嚴重的漢化，導致傳統文化已漸形消失，甚至完全淹沒在漢人的文化當中。然而在半世紀後，這五個巴宰族群的聚落先後接受基督教，而成為中部最早接受基督教的原住民族群，其中大社成立中部最早的一間教會——大社教會，苗栗三義的鯉魚潭（內社）教會也相繼成立；而埔里愛蘭台地上的烏牛欄社則建立早的教會——烏牛欄教會外，尚有大湳、牛眠教會的建立，這對長老教會在台灣的發展歷程上可以說是具有相當的歷史意義。

本論文研究顯示巴宰族人的原始宗教與外來基督教信仰本來不相連結，但現在基督教會幾乎已成為巴宰族群聚落的文化信仰中心，最主要的原因在於原住民族的傳統祖靈信仰與基督教所敬拜的上帝觀念都是沒有偶像崇拜，是心靈上的慰藉、依靠及仰望，因此當烏牛欄社頭人潘開山武干到府城接受馬雅各醫師的醫療宣教時，「在治療中喜得真理」、「信主重生」及「靈魂得救」，所展現的正是基督教的信仰核心所在。

1871 年烏牛欄教會設立，1873 年李麻牧師到烏牛欄社協助建立禮拜堂，馬偕、甘為霖牧師皆到訪宣講福音，本地傳道師李豹教導族人認字讀經，扮演重要的角色。1883 年烏牛欄教會正式升格為堂會，為一獨立自主的教會，開始展現獨立地方教會的性格，不僅接受新的觀念也重視教育，更透過白話字的學習拼寫出自己的族語，聖經的教導使族人脫離漢人民間宗教信仰的束縛，基督教成為巴宰族人文化延續的根基。愛蘭教會透過宗教的力量，在埔里社群互動上發揮重要的影響力，特別是在日治初期變動混亂的政局中，教會成為庄社安定的力量；戰後長老教會在埔里的山地巡迴醫療服務，地方醫護救援訓練，乃至於埔里地區的醫療院所的建立，愛蘭教會功不可沒。

愛蘭教會提振巴宰族人的自信心，但隨著時空的遷移，地方上其他族群的遷入，巴宰族人在地方上已不再是絕對的多數。外來族群帶入的民間信仰，使得巴宰族人的傳統文化及生活習慣再度受到挑戰，對信仰基督教的族人來說更是嚴峻的考驗。衛惠林於 1980 年代來埔里的田野調查記錄，將埔里七社的宗教信仰變遷過程區分為四期，分別是第一期原始宗教，第二期基督教，

第三期土地神崇拜，第四期儒道合流的民間道教。〔註1〕這表示埔里巴宰七社各社群的宗教信仰並非單一，因此在眾多漢式民間信仰環伺的情形下，要保持單一的基督信仰是很不容易的。就衛惠林當時的調查，同是愛蘭台地上的社群包括烏牛欄、大瑪璘及阿里史，僅有烏牛欄舊社區全體仍信奉基督教外，其他原本以基督教信仰為主的社區，都已有漢廟及土地公的崇拜，甚至已少有基督教家庭了，這一點與我走訪調查的情況是相吻合的。此外，在地方產業的變遷，人口外移嚴重的情況下，聚會人數也受到相當的衝擊，根據本文的研究，近年來長老教會聚會人數的下滑是普遍的現象。雖然城鄉間的差距或有不同，但所面臨的是社會環境的變遷，教會內部組織結構的轉型及人口結構、遷移出入等外在因素都是影響教勢走向的考量因素，雖然本論文並非以探討長老教會教勢的消長為主要範疇，但這是研究地方教會發展史的一項嚴正課題。

　　台灣平埔族沒有自己的文字，要傳承族群文化本不容易，英國長老教會進入平埔聚落宣揚基督教福音，協助建立教會，成為族人的文化信仰中心。基督教會建立後，不崇拜偶像的宗教觀與巴宰族群的祖靈信仰並不衝突，因此成為族人的精神寄託。透過醫療與教育，提升族人的自信心，保存了幾近失傳的語言，傳統的祭儀如「牽田、走鏢」及祖靈祭歌「Ai-yan」得以流傳，基督教會成為族人文化復振、凝聚族群向心力的中心。基督教的傳入止住了巴宰族人的漢化腳步，延續了族人文化命脈，然而巴宰族人在接受基督教信仰後，對於本族傳統的祖靈信仰仍念念不忘，因此透過上帝的崇拜傳達對祖先的思念，這是巴宰族人改宗之後的一種心境轉換，也可視為某種程度的權利「交換」。巴宰族人在接受基督教後，雖然延緩了漢化的腳步，但對於祖靈信仰與基督宗教之間是否也有不相融合的差異時，便不知該如何自處，這實在是嚴肅且值得去追踪的課題。在本文研究成果中認為巴宰族人接納基督教的眾多原因中確實有些「利益」導向，甚至早期來台宣教的宣教師如，甘為霖、馬偕牧師等都有過如此的想法，但這並不能被認為是最後的答案，畢竟個人認為研究某一族群的「改宗」過程是極其困難的，因為所涉及的層面頗為廣泛，故本文雖然提及巴宰族人放棄原始信仰轉而接受基督教的背景及其過程，對於「改宗動機」礙於資料有限，並未深入研究，故期待多方探究後能在這方面多所突破，以能成為日後筆者繼續延伸的方向。

〔註1〕衛惠林，《埔里巴宰七社志》（台北：中研院民族所，1981），頁132。

參考書目

一、史料

（一）教會檔案出版品

1. 台灣基督長老教會總會，《台灣基督長老教會設教 120 週年年鑑，主後 1865～1985 年》，台南：台灣基督長老教會總會編，1985。

2. 台灣基督長老教會大社教會，《台灣基督長老教會大社教會設教 110 週年紀念冊》，台中：大社教會，1981。

3. 台灣基督長老教會總會歷史委員會編，《台灣基督長老教會百年史》，台南：台灣基督長老教會，1965。

4. 台灣教會公報週刊編輯，《台灣古早教會巡禮》，臺南：人光出版社，1997。

5. 台灣基督長老教會總會，《認識台灣基督長老教會》，台北：使徒出版社，2008。

6. 台灣基督長老教會，《台中中會六十禧年紀念特刊》，台中：台灣基督長老教會台中中會，1990。

7. 黃茂卿，《台灣基督長老教會太平境馬雅各紀念教會九十年史（1865～1955）》，台南：台灣基督長老教會太平境馬雅各紀念教會，1988。

8. 黃武東、徐謙信合編，賴永祥增訂，《台灣基督長老教會歷史年譜》，台南：人光出版社，1959。

9. 林信堅牧師修訂，《信仰偉人列傳》，台南：台灣教會公報社發行，1989。

10. 黃武東，《台灣長老教會發展史》，新台灣文庫 6，台北：前衛出版公司，1988。

11. 趙令級（編），《台灣基督長老教會台灣中部宣教 130 年史暨台中中會設教 70 年特刊》，台中市：基督長老教會台中中會，2003。

12. 潘道榮牧師，《南部台灣基督長老教會設教 70 週年紀念寫眞帖》，（高雄：塩埕教會出版，1935。

13. 洪叡郎、趙令級合著，《台灣督督長老教會 921 賑災暨重建報告書——疼惜生命分擔苦難》，台北：台灣基督長老教會總會，2005。

（二）方志

1. 瞿海源編，《重修台灣省通志》卷三〈住民宗教篇〉，南投：台灣省文獻委員會，1992。

2. 劉枝萬,《台灣埔里鄉土志稿》,卷一,未刊印發行,1951。

3. 劉枝萬,《台灣埔里鄉土志稿》,卷二,未刊印發行,1951。

4. 劉枝萬,《南投縣沿革志開發稿篇》,南投:南投文獻委員會,1958。

5. 劉枝萬,《南投文獻叢輯6》,南投:南投文獻委員會,1978。

6. 周鍾瑄,《諸羅縣志》,南投:台灣省文獻會,1993。

7. 陳梅卿,《宜蘭縣基督教傳教史》,宜蘭:宜蘭縣政府,2000。

8. 陳炎正,《台中縣岸裡社開發史》,豐原:台中縣立文化中心,1986。

二、專書

1. 李政隆,《台灣基督教史》,台北:天恩出版社,2001。

2. 林鴻信,《認識基督宗教》,台北:校園書房,1996。

3. 渡邊信夫(著),蘇慶輝(譯),《亞洲宣教史》,台北:永望文化事業有限公司,2002。

4. 涂叔君,《南瀛教會誌》,台南:台南縣政府,2004。

5. 魏外揚,《中國教會的使徒行傳——來華宣教士列傳》,台北:財團法人基督教宇宙光全人關懷機構,2006。

6. 甘為霖(Rev.William Campbell)著,陳復國譯,《台灣佈教之成功》(Missionary Success In The Island Of Formosa),台南:教會公報出版社,2007。

7. 甘為霖著,林弘宣、許雅琦、陳珮馨譯《素描福爾摩沙——甘為霖台灣筆記》,台北:前衛出版社,2009。

8. 馬偕著,林晚生譯,《福爾摩沙紀事——馬偕台灣回憶錄》,台北:前衛出版社,2007。

9. 林耀南譯,《台灣遙寄》台灣叢書譯文本第五種,台北:台灣省文獻會編,1959。周學普譯,《台灣六記》台灣研究叢刊第六十九種,台北:台灣銀行經濟研究室編,1960。

10. 林昌華編著,《來自遙遠的福爾摩沙》,台北:日創社文化事業有限公司,2006。

11. Marian Keith 著;蔡岱安譯;陳俊宏編,《黑鬚番》(The Black-Bearded Barbarian),台北:前衛出版社,2003。

12. 白尚德著,鄭順德譯,《英國長老教會宣教師與台灣原住民族的接觸(1865～1940)》,台北:順益台灣原住民博物館出版,2004。

13. 史蒂瑞(Josep Beal Steere),林弘宣譯,《福爾摩沙及其住民——19世紀美國博物學家的台灣調查筆記》,台北:前衛出版社,2009。

14. 游紫玲,《平民階級中的英雄——馬禮遜》,台北:財團法人基督教宇宙

光全人關懷機構，2006。

15. 陳宏文（譯），《北部台灣基督長老教會的歷史》，台南：人光出版社，1997。

16. 潘稀祺，《台灣盲人教育之父——甘爲霖博士傳》，台南：人光出版社，2004。

17. 潘稀祺，《台灣醫療宣教之父——馬雅各醫生傳》，台南：人光出版社，2004。

18. 打必里・大宇（潘稀祺牧師），《巴宰王國——岸裡社潘家興衰史》，台中：潘啓南派下家族，1999。

19. 鄭仰恩，《定根本土的台灣基督教》，台南：人光出版社，2005。

20. 鄭仰恩，《歷史與信仰——從基督教觀點看台灣和世界》，台南：人光出版社，2004。

21. 鄭仰恩主編，《信仰的記憶與傳承——台灣教會人物檔案（一）》，台南：人光出版社，2001。

22. 鄭仰恩主編，《台灣基督長老教會歷史教育手冊》，台北：使徒出版社，2010。

23. 鄭仰恩，《宣教心，臺灣情——馬偕小傳》，臺南：人光出版社，2001。

24. 賴永祥，《教會史話》第一輯，臺南：人光出版社，1990。

25. 賴永祥，《教會史話》第二輯，臺南：人光出版社，1992。

26. 賴永祥，《教會史話》第三輯，臺南：人光出版社，1995。

27. 賴永祥，《教會史話》第四輯，臺南：人光出版社，1998。

28. 賴永祥，《教會史話》第五輯，臺南：人光出版社，2000。

29. 吳學明，《近代長老教會來台的西方傳教士》，台北：日創社文化，2007。

30. 吳學明，《台灣基督長老教會研究》，台北：財團法人基督教宇宙光全人關懷機構，2006。

31. 吳學明，《從依賴到自立——終戰前臺灣南部基督長老教會研究》，臺南：人光出版社，2003。

32. 蔡蔚群，《教案——清季臺灣的傳教與外交》，臺北：博揚文化，2000。

33. 李智仁，《台灣的基督教會與祖先崇拜》，台南：人光出版社，1995。

34. 林治平主編，《台灣基督教史——史料與研究回顧國際學術研討會論文集》，台北：財團法人基督教宇宙光全人關懷機構，1998年。

35. 酋卡爾主編，《台灣基督長老教會原住民族宣教史》，台北：永望出版社，1998。

36. 董芳苑，《宗教與文化》，台南：人光出版社，1995。

37. 董芳苑，《探討台灣民間信仰》，台北：常民文化出版社，1994。

38. 郭乃惇,《基督教初傳台灣》,高雄:雅各出版社,2009。

39. 井上伊之助著,石井玲子譯《上帝在編織》,台南:人光出版社,1997。

40. 李末子,《人間天使——李水車行愛北台灣》修訂版,台北:財團法人基督教宇宙光全人關懷機構,2006。

41. 阮若荷,《後山故事》(上)(下)(台北:宇宙光全人關懷,2009)。

42. 李亦園,《台灣土著民族的社會與文化》,台北:聯經出版社,1982。

43. 黃秀政等著,《台灣史志論叢》,台北:五南圖書出版公司,1999。

44. 吳密察監修,遠流台灣館編著,《台灣史小事典》,台北:遠流出版公司,2000。

45. 詹素娟編著,《舊文獻·新發現:台灣住民歷史文獻解讀》,台北:國立編譯館,2007。

46. 周婉窈,《台灣歷史圖說(史前至1945年)》,台北:聯經出版社,2005。

47. 劉還月,《尋訪台灣平埔族》,台北:常民出版社,1995。

48. 劉還月、李易蓉,《認識平埔族群的第 N 種方法》,台北:原民文化,2001。

49. 劉還月、陳柔森、李易蓉,《我是不是平埔人 DIY》,台北:原民文化,2001。

50. 陳柔森主編,葉婉奇譯,《重塑台灣平埔族圖像》,台北:原民文化,1999。

51. 潘英,《台灣平埔族史》,台北:南天出版社,1996。

52. 徐永欣編輯,《平埔的珍珠:巴宰族印象》,苗栗:苗栗縣巴宰族群協會,2006。

53. 衛惠林,《埔里巴宰七社志》,台北:中央研究院民族所專刊甲種第 27 號,1981。

54. 林英津,《巴則海語·埔里愛蘭調查報告》,台北:風物雜誌社。

55. 洪麗完,《台灣中部平埔族:沙轆社與岸裡大社之研究》,台北:稻香出版社,1997。

56. 洪麗完,《熟番社會網絡與集體意識——台灣中部平埔族群歷史變遷(1700～1900)》,台北:聯經出版社,2009。

57. 林修澈,《巴宰族民族誌調查》,台北:行政院原住民族委員會,2007。

58. 張素玢,《苗栗鯉魚潭巴宰族史暨古文書彙編》,苗栗:苗栗縣文化局,2007。

59. 賴貫一,《台灣土龍傳奇——巴宰族群語教材教師手冊(文史篇)》,南投:台灣打里摺協會,2003。

60. 陳俊傑,《埔里的開發故事——平埔族現況報導》,南投:財團法人南投縣立文化基金會,1999。

61. 必麒麟（W. A. Pickering）著，陳逸君譯，《歷險福爾摩沙》（Pioneering In Formosa）台北：原民文化事業股份有限公司，1999。

62. 張勝彥編纂，《南投開拓史》，南投：南投縣政府，1984。

63. 張隆志，《族群關係與鄉村台灣——一個清代台灣平埔族群史的重建和理解》，台北：台灣大學文學院，1991。

64. 白棟樑，《平埔足跡——台灣中部平埔族遷移史》，台中：晨星出版社，1997。

65. 李壬癸，《台灣平埔族的歷史與互動》，台北：常民文化事業股份有限公司，1996。

66. 張妙娟，《開啟心眼——〈台灣府城教會報〉與長老教會的基督徒教育》，台南：人光出版社，2005。

67. 鄧相揚、許木柱，《台灣原住民史——邵族史篇》，南投：台灣省文獻會，2000。

68. 簡史朗編，《水沙連眉社古文書研究專輯》，南投：南投縣政府，2005。

69. 簡史朗、曾品滄主編，《水連埔社古文書選輯》，台北：國史館，1958。

70. 潘英海、詹素娟主編，《平埔研究論文集》，台北：中央研究院台灣史研究所籌備處，1995 年 6 月。

71. 劉益昌、潘英海主編《平埔族群的區域研究》，南投：台灣省文獻委員會，1998。

72. 葉春榮主編，《歷史·文化與族群——台灣原住民國際研討會論文集》，台北：順益博物館，2006。

73. 台中縣立文化中心編印，《台中縣大甲溪流域開發史》，台中：台中縣立文化中心，1989。

74. 李壬癸、林英津編，《台灣南島民族母語研究論文集》，台北：教育部教育研究委員會，1995。

75. 洪敏麟，《台灣舊地名之沿革》，第一冊，台中：台灣省文獻會，1980。

76. 溫吉編譯，《台灣番政志》（一）（二），台北：台灣省文獻委員會，1957。

77. 陸傳傑著，《裨海紀遊新注》，台北：大地地理出版事業股份有限公司，2001。

78. 李展平，《尋訪台灣生命原鄉》，台北：聯經出版事業公司，2000。

三、論文

（一）期刊論文

1. 康培德，〈紅毛先祖？新港社、荷蘭人的互動歷史與記憶〉，《台灣史研究，第 15 卷第 3 期，台北：中央研究院台灣史研究所，2008。

2. 翁佳音，〈平埔漢化史考略〉，《台灣風物》，第 34 卷第 1 期，1984。

3. 吳學明，〈終戰前台灣基督長老會的醫療傳教──以南部教會爲中心〉，《台灣基督長老教會研究》，台北：財團法人基督教宇宙光全人關懷機構，2006。

4. 康鈺瑩，〈台灣基督長老教會博碩士論文研究趨勢之回顧與展望〉，《思與言》，第 37 卷第 2 期，臺北：思與言雜誌社，1996。

5. 林怡娟，〈「聖詩」作爲基督徒信仰型塑的探討〉，台南：台南神學院神學研究所道學碩士論文，2005。

6. 洪伯宗，〈台中中會六十年史述要〉，《台中中會六十禧年紀念特刊》，台中：台灣基督長老教會台中中會，1990。

7. 洪秀桂，〈南投巴宰海人的宗教信仰〉，《台大文史哲學報》第 22 期，台北：台灣大學文學院，1973。

8. 翁佳音，〈十七世紀的臺灣基督教史──史料與研究〉，林治平主編，《台灣基督教史──史料與研究回顧國際學術研討會論文集》，台北：財團法人基督教宇宙光全人關懷機構，1998 年。

9. 林昌華，〈荷蘭時期教會人物檔案〉，《新使者》第 109 到 113 期，台北：新使者雜誌社，2009）。

10. 李亦園，〈從文獻資料看台灣平埔族〉，《台灣土著民族的社會與文化》，台北：聯經出版社，1982。

11. 李壬癸，〈台灣平埔族的種類及其相互關係〉，《台灣風物》，第 42 期第 1 期，台北：台灣風物出版社，1992。

12. 謝繼昌，〈認同與文化：台灣原住民之研究〉，葉春榮主編，《歷史·文化與族群──台灣原住民國際研討會論文集》，台北：順益博物館，2006。

13. 溫秋菊，〈試探 Pazeh 音樂文化的綜攝──以一首臺語聖詩爲例〉，《藝術評論》，第 10 期，台北：國立藝術學院，1999。

14. 溫秋菊，〈巴則海族祭祖歌「ai-yan」初探〉，《藝術評論》，第 9 期，台北：國立藝術學院，1998。

15. 溫秋菊，〈試論巴宰族祭祖歌謠「a-yan」的小宇宙〉，《台灣文獻》，第 57 卷第 3 期，南投：台灣省文獻委員會，2006。

16. 洪麗完，〈大社聚落的形成與變遷（1715～1945）：兼論外來文化對岸裡大社的影響〉，《臺灣史研究》，第 3 卷第 1 期，台北：中研院台灣史研究所籌處，1997。

17. 董芳苑，〈啓蒙台灣社會現代化的外來宗教──台灣基督長老教會〉，《台灣文獻》，第 52 卷第 4 期，南投：台灣省文獻委員會，2001。

18. 莊吉發，〈清代台灣基督教的教堂分佈及其活動〉，《台灣文獻》，第 54 卷第 4 期，南投：台灣省文獻委員會，2001。

19. 鄭仰恩，〈台灣基督長老教會醫療宣教小史〉，《新使者》，台北：新使者雜誌社，2001。

20. 施添福，〈清代臺灣岸裡地域的族群轉變〉，收於潘英海、詹素娟編，《平埔研究論文集》，臺北：中央研究院臺灣史研究所籌備處，1995。

21. 洪麗完，〈從十九世紀入埔遷徙活動看台灣中部平埔族熟番集體意識之展現〉，《新史學》，第 17 卷第 2 期，台北：新史學雜誌社，2006。

22. 洪麗完，〈一個中部拍宰族聚落的形成與變遷──以大社村爲例〉，許雪姬主編，《台中縣建築發展（民宅篇）》，豐原：台中縣立文化中心，1993。

23. 陳秋坤，〈平埔族岸裡社潘姓營地主的崛起（1699～1770）〉，《中央研究院近代史研究所集刊》第 20 期，台北：中央研究院近代史研究所，1991。

24. 葉育倫，〈水沙連的族群墾殖過程──以清代埔里爲例〉，《史轍》，第 5 期，台北：東吳大學歷史研究所，2009。

25. 鍾幼蘭，〈平埔族群與埔里盆地──關於開發問題的探討〉，劉益昌、潘英海主編《平埔族群的區域研究》，南投：台灣省文獻委員會，1998。

26. 溫振華，〈台灣清代中部平埔族遷移埔里分析〉，第四屆台灣歷史與文化研討會論文，台中：東海大學通識教育中心，2000。

27. 鄧相揚，〈埔里盆地平埔族群語言消失的原因──兼論台灣南島語的保存問題〉，李壬癸、林英津編《台灣南島民族母語研究論文集》，台北：教育部教育研究委員會，1995。

28. 謝繼昌，〈從埔番的式微來看台灣漢人的移民模式〉，《中央研究院三民所叢刊 8》，台北：中央研究院三民所，1982。

29. 村上直次郎著，許賢瑤譯，〈荷蘭人的番社教化〉，《國立中央圖書館臺灣分館館刊》，第 6 卷第 5 期，2000。

30. 潘勝輝，〈幽谷芳蘭〉，《愛蘭教會設教百週年紀念冊》，台南：台南縣政府，2004。

31. 鄧相揚，〈平埔族古文書溯源〉，《台灣史研究暨史蹟維護研討會論文集》，台南：國立成功大學歷史系，1990。

32. 邱正略，〈古文書與地方史研究──以埔里地區爲例〉，《台灣古文書與歷史研究學術研討會論文集》，台中：逢甲大學，2007。

33. 簡史朗，〈西部平埔族群入墾埔里時之聚落形成〉，2008 年水沙連區域研究學術研討會劉枝萬先生與水沙連區域研究，南投：國立暨南國際大學人類學研究所，2008。

34. 李壬癸、林清財，〈巴則海族的祭祖歌曲及其他歌謠〉，《中央研究院民族學究所資料彙編》，第 3 期，台北：中央研究院，1990。

35. 詹素娟，〈平埔速寫〉，《山海文化雙月刊》，台北：山海文化雜誌社，1994。

36. 林英津，〈巴則海語──埔里愛蘭調查報告〉，《臺灣風物》，第 39 卷第 1

期，1989。

37. 鄧相揚，〈挨央牽田──埔里平埔族群巴宰海族人過年的習俗〉，《山海文化雙月刊》，第 5 期，台北：山海文化雜誌社，1994。

（二）學位論文

1. 蔡主恩，〈臺灣基督長老教會的擴展研究〉，台北：國立臺灣師範大學地理研究所碩士論文，1986 年。

2. 邱正略，〈清代台灣中部平埔族遷移埔里拓墾之研究〉，台中：東海大學歷史研究所碩士論文，1994。

3. 鍾幼蘭，〈族群、歷史與意義──以大社巴宰族裔的個案研究爲例〉，新竹：國立清華大學社會人類學研究所碩士論文，1995。

4. 蔡主恩，〈臺灣基督長老教會之地理分布及土地使用之研究〉，台北：私立文化大學地理學研究所博士論文，1995 年。

5. 張妙娟，〈《臺灣府城教會報》與清季臺灣的基督徒教育〉，台北：國立台灣師範大學歷史研究所博士論文，2002。

6. 柬青平，〈平埔族宣教過程之探討──以木柵地區爲例〉，台南：台南神學院研究所道學碩士論文，2003。

7. 徐大智，〈戰後台灣平埔族研究與族群文化復振運動──以噶瑪蘭族、巴宰族、西拉雅族爲中心〉，桃園：國立中央大學歷史研究所，2004。

8. 黃欣怡，〈隆田基督長老教會的成立發展〉，台南：國立成功大學歷史研究所碩士論文，2005。

9. 陳國誠，〈以九層嶺萬家爲例探討台灣平埔基督徒的身份認同〉，台南：台南神學院神學系碩士論文，2006。

10. 姚嘉音，〈從歷史足跡看巴宰族岸裡之宗教變遷──以埔里愛蘭地區的基督教化爲例〉，台北：國立政治大學宗教研究所，2007。

11. 鄭怡婷，〈論當代平埔族群主體性的構成：以埔里噶哈巫爲例〉，南投：暨南大學人類學研究所碩士論文，2008。

12. 洪辭惠，〈台灣政教關係之研究──以台灣基督長老教會三大宣言爲中心〉，桃園：國立中央大學歷史研究所碩士論文，2009。

13. 唐淑惠，〈流變的地方性：埔里愛蘭台地文化認同與社群研究〉，南投：暨南大學人類學研究所碩士論文，2009。

14. 李佳奮，〈1895 年麻豆基督長老教會事件〉，台南：台南大學台灣文化研究所碩士論文，2011。

附　錄

一、埔里行政區劃的變遷

光復後 現行里名	臺中州 郡庄名	街庄名	大字名	小字名	南投廳 支廳名	區名	堡名	街庄名	清代 埔里社廳 堡名	街庄社名
東門里	能高郡	埔街	埔里	東門	埔里社支廳	埔里社區	埔里堡	埔里社街(埔里社)	埔里社堡	埔里社街
西門里			埔里	西門				埔里社街(埔里社)		埔里社街
南門里			埔里	南門				埔里社街(埔里社)		埔里社街
北門里								埔里社街(埔里社)		埔里社街
北安里			埔里	北門				埔里社街(埔里社)		埔里社街
北梅里								埔里社街(埔里社)		埔里社街
泰安里								埔里社街(埔里社)		埔里社街
同聲里			埔里	頂茄苳腳				埔里社街(茄苳腳)		茄苳腳莊
清新里			埔里	下茄苳腳				埔里社街(茄苳腳)		茄苳腳莊
薰化里			埔里	新街仔、梅仔腳				埔里社街(茄苳腳)		茄苳腳莊、梅仔腳莊
大城里			大肚城	恒吉城、水里城				大肚城庄		恒吉城莊、水里城莊
籃城里			籃仔城	籃仔城				籃仔城庄		籃仔城莊
枇城里			枇杷城	鹽塗城				枇杷城庄		枇杷城莊
枇杷里			枇杷城	枇杷城				枇杷城庄		枇杷城莊
水頭里			水頭	十一份子				水頭庄		水頭莊
麒麟里			東埔	東埔				東埔庄		東埔莊
珠格里	高里		珠仔山	珠仔山	社區			珠仔山庄	里	珠仔山莊
溪南里			生番空	生番空				生番空庄		生番空莊
桃米里			擔米坑	擔米坑				挑米坑庄		挑米坑莊
成功里			種瓜坑	種瓜坑				種瓜坑庄		種瓜坑莊
南村里			牛相觸	牛相觸	埔社			牛相觸庄	社	牛相觸莊
愛蘭里			烏牛欄	烏牛欄				烏牛欄庄		烏牛欄莊
鐵山里			鐵尖山	鐵尖山				鐵尖山庄		鐵站山莊
房里里			紅瓦厝	紅瓦厝仔				紅瓦厝仔庄		紅瓦厝仔莊
向善里			觀音山	觀音山	支			觀音山庄		觀音山莊
一新里			刣牛坑	刣牛坑				刣牛坑庄		刣牛坑莊
廣成里			小埔社	小埔社	西			小埔社庄		小埔社莊
合成里			北寮、太平頂、北流頂、北流東	北寮、太平頂、北流東				北寮庄、太平頂庄、北流東庄		北寮莊、太平頂莊、北流東莊
史港里			史港坑	史港坑				史港坑庄		史港坑莊
福興里			福興庄	福興庄				福興庄		福興莊
牛眠里			牛眠山	牛眠山				牛眠山庄		牛眠山莊
大湳里	郡	街	大湳	大湳	廳		堡	大湳庄	堡	大湳莊
蜈蚣里			蜈蚣崙	蜈蚣崙				蜈蚣崙庄		蜈蚣崙莊

資料來源：張勝彥，《南投開拓史》，頁 578～579。

二、台灣平埔族群分類對照表

年代	研究者	Kavalan	Ketagalan	Luilang/Basay	Taokas	Papora	Babuza	Hoanya	Pazeh	Sao	Siraya	族數
1904	伊能嘉矩	Kavarawan	Ketagalan		Vupuran		Poavosa	Arikun / Lloa	Pazzehe	—	Siraya / Makattao	十族
1939	移川子之藏	Kavarawan	Ketagalan		Vupuran	Papora	Babuza	Hoanya	Pazeh	Sao	Siraya / Tao	十族
1935	小川尚義	Kavarawan	Ketagalan		Taokas	Vupuran	Babuza	Hoanya	Pazzehe	Sao	Siraya	九族
1944	小川尚義	Kavalan	Ketagalan	Luilang	Taokas	Papora	Babuza	Hoanya	Pazeh	Sao	Siraya	十族
1951	衛惠林	卡瓦蘭 Kavalan	凱達加蘭 Ketagalan		道卡斯 Taokas	拍瀑拉 巴布蕯	貓霧捒 Babuza	洪雅 Hoanya	拍宰海 Pazeh	—	西拉雅 / 四社熟番 Taivoan	九族
1955	李亦園	噶瑪蘭 Kavalan	達加蘭 Ketagalan	雷朗 Luilang	道卡斯 Taokas	拍瀑拉 Papora	巴布薩 Babuza	和安雅 Hoanya	巴則海 Pazeh	水沙連	西拉雅 Siraya	十族
1970	台灣省通志	卡瓦蘭 Kavalan	凱達加蘭 Ketagalan		道卡斯 Taokas	拍瀑拉 Papora	巴布薩 Babuza	洪雅 Hoanya	拍宰海 Pazeh	—	西拉雅 Siraya	八族
1970	卷八同冑志 第一冊	卡瓦蘭 Kavalan	凱達加蘭 Ketagalan		道卡斯 Taokas	拍瀑拉 Papora	巴布薩 Babuza	洪雅 Hoanya (Lola Arikun)	拍宰海 Pazeh	—	西拉雅 Siraya （西拉雅馬卡道四社熟番）	八族
1985	土田滋	Kavalan	Keta. / Kulon	Basay	Taokas	Papora	Babuza	Hoanya	Pazeh	—	Sir. / Mak. / Taiv.	十二族
1991 / 1992	李壬癸	卡瓦蘭 Kavalan	馬賽 Basay	雷朗 Luilang / 哆囉美遠 Trob.	道卡斯 Taokas	巴布拉 Papora	貓霧捒 Babuza / 費佛朗 Favor	洪雅 Hoanya	巴則海 Pazeh	邵 Thao	西拉雅 Siraya / Sir. Mak. Taiv.	七族

資料來源：李壬癸，〈台灣平埔族的種類及其相互關係〉，《台灣風物》第 42 卷第 1 期（台北：台灣風物雜誌社，1992），頁 233。

三、荷蘭駐台牧師表

牧師姓名	中譯名	駐臺時間	備　　　　　　　　　　註
Georgius Candidius	干治士	1627-31;1633-37	駐新港、赤崁等地區
Robertus Junius	尤羅伯	1629-41;1641-43	編有大小間答書、祈禱文等
Assuerus Hoosgeteyn	荷吉丹	1636-37	病歿於目加留灣
Joannes Lindeborn	林禮文	1636-37	被撤職遣回
Gerardus Leeuwius	利未士	1637-39	病歿於熱蘭遮城
Joannes Schotanus	蘇格搭拿斯	1638-39	被遣回
Joannes Barius	巴維斯	1640-47	駐蕭壠地區、病歿於熱蘭遮城
N. Mirkinius	馬其紐斯	1641-？	
Simon van Breen	范布鍊	1643-47	駐 Favorlang 地區傳教
Joannes Happartius	哈約翰	1644-46	病歿熱蘭遮城
Daniel Gravius	倪但理	1647-51	譯有馬太及約翰福音，編譯基督教要理問答
Jacobus Vertrecht	花德烈	1647-51	編有 Favorlang 語要理問答
Antonius Hambroek	范堡	1648-61	駐麻豆，鄭成功入臺時被刣
Gilbertus Happartius	哈伯宜	1649-1652;1653	編有 Favorlang 語彙。1653 年再度來臺後，於八月八日病歿
Joannes Cruyt	克利夫	1649-1662	駐熱蘭遮城，鄭成功入臺時被俘，返國
Rutger Tesschemaker	鐵梅嘉	1651-1653	駐蕭壠，病歿
Joannes Ludgens	盧負士	1651	病歿於澎湖
Gulielmus Brakel	普拉卡	1652	抵臺後不久病歿
Joannes Bakkers	白駑	1653-	駐 Favorlang 地區
Abrahamus Dapper	達巴爾	1654-	
Robertus Sassenitus	薩世紐斯	1654-	
Marcus Masius	馬修司	1655-1661	駐淡水雞籠地方，聞鄭成功入臺後乘船經日本返抵巴達維亞
Petrus Mus	牟士	1655-1662	駐諸羅山，被刣
Joannes Campius	甘比宇	1655	同年十二月在 Tackeijs 病歿
Hermanus Buschof	武小和	1655-1657	駐蕭壠
Aenoldus a Winsemius	溫世謬	1655-1662	駐新港，被刣
Joannes de Leonardis	列奧拿	1656-1661	駐 Favorlang 地區，被俘後遣往中國
Jacobus Ampzingius	安信紐	1656-1657	駐 Tackeijs，十一月二十四日歿於任地
Guliejmus Vinderus	閔得烈	1657-1659	駐蕭壠地區，病歿

資料來源：梁志輝、鍾幼蘭，《台灣原住民史——平埔族史篇（中）》（南投：台灣
省文獻會，2001），頁 70。參考賴永祥，《教會史話》，第一輯（台南：
人光出版社，1990），頁 115～116。

四、巴宰族人挨央 A-yan 漢文譯文

（一）

挨央挨央，思念求前。申明妙語，俚句敘緣。
述舊追遠，永世相沿。稽古之際，初有人煙。
萬雅皆詩，元始祖先。三旺皆詩，是其二然。
覓卵魯敦，經營駐塡。平原腴地，活潑甘泉。
祝嘏安慮，澤渥蔓延。昌盛人類，似竹苞聯。
世世相傳，雅言遺篇。挨央挨央，頌讚詞焉！

（二）

挨央挨央，雨頌緬維。略申古語，雅言遺施。
緣有同族，與我分枝。實是大要，到地建基。
享通太平，繁衍隆熙。異方別地，遙隔天涯。
崇山峻嶺，江河分離。俟至後日，必有會期。
先祖傳述，如此言辭。挨央挨央，頌讚於茲。

資料來源：鄧相揚，〈挨央牽田——埔里平埔族群巴宰海族人過年的習俗〉，《山海文化雙月刊》，第 5 期（台北：山海文化雜誌社，1994），頁 58～59。

五、埔里巴宰族後裔潘金玉於 2003 年南投縣巴宰族群文化協會成立大會上以巴宰族語致詞

Auran a pasukuan 烏牛欄的故事

一apu 金玉於南投縣巴宰族群文化協會成立大會致詞

abasan a suazi. imu dadua riak. 兄弟姊妹，大家好。

yaku ka Pazih a saw. 我是巴宰人。

yaku a langat ka kim-giok sen.我的名字叫金玉。

yaku a kawas ka xasebisupat a isit lia. 我今年 90 歲。

uhuni a dali ka mataru a dali. 今天是個大好日子。

yaku ka mukawas imini anu dadua Pazih a rakihan.
我（能）在此代表所有巴宰族子弟致詞。

yaku a lama ka riak huhul. 我真是非常「好命」。

uhuni ka tatudu Auran a pasukuan la aku.
現在我要講烏牛欄的故事

uhuza ki tadaran laila.咱們從前走過的路（過往的事情）。

nahada tauretel kaidi raxung puupuh. 在溪上游有一聚落。

uhuni a saw kiliw imini a raxung ka Tai-kah-khe sen.
今天人稱該溪爲大甲溪。

kaidida tauretel nahada adang a mamaleng iu mamais.
那聚落中有一個男人和他的太太。

mamaleng ka Abuk sen ki langat.男的名叫阿穆。

mamais ka Kalayu sen.女的稱爲加拉悠。

imisiw dusa ka marezeret adang a kawas lia.倆人結婚一年了。

liaka parisan rakihan a mamaleng. 終於生下一男嬰。

Awi sen ki langat.名稱爲阿偉。

adang a dali adang a dali mikudur lia ki Kalayu.
有一天加拉悠生病了。

adang a dali adang a dali iniriak ki buxu.身體日漸虛弱。

ini riak ki Kalayu a lama. 加拉悠的命不好。

anani！purihat lia ki Kalayu.啥！加拉悠死了。

isia lia ki Abuk maxakekela mamais lia.那時阿睦想念他太太。

sasai-en pai ki Awi. imini tatih a rakihan lia？

阿委怎麼辦，這麼幼小的孩子？

maxaruaruaru ki Abuk lia mini.阿睦極其憂傷。

taubaret ki retel ka nahada apuan lia.鄰村有一個老太婆。

kakawas ki apu. tatih a rakihan！阿婆說道，孩子還這麼小！

arai adang a tauxumak aunu saarapun rakihan.

娶一個妻室來照顧他吧。

maxakekela lia ki Abuk ka " hau " sen.

左思右想，阿木終於同意。

mara aubin a mamais lia.娶了繼室。

aubin a mamais ka Adunu sen.繼室稱為阿都努

dali adang a kawas mangazep.過了一年半。

Adunu ka parisan adang a mamaleng rakihan lia.

阿都努生了一個男嬰

Damuri sen ki langat.名為打毛里。

adang a kawas iu adang a kawas.一年過一年。

mataru lia ki Awi. suadi iu mabaza muzakay lia.

阿偉長大了，弟弟也會走路了。

aubin a dali. ini riak ka hinis lia ki tata.

往後的日子，繼母的臉色變壞了。

talima pinarisasn rakihan ka pakanen riak a sumay iu ringxaw iu
nahada saaken.自己的孩子餵好吃的米飯和稀飯，且有菜餚。

Awi ka pakanen durun iu kuah saaken.阿委吃粗糠且無配菜。

isia lia ki Awi ka maxakekela ina lia.阿偉開始懷念母親了。

ini purihat naki a pinarisan ina ka ini maluhuni a mikita aku.

我的親生母親若不過世，我不致如此。

aubin a dali. 往後的日子。

mataru a mamaleng lia ki Awi ka maxakekela lia.

阿偉成年了，心裡想著。

sasai-en pai aku ki aubin a dali lia？往後我該如何？

adang a ahuan maxakekela iu maxakekela lia ki Awi.

有一天晚上，阿偉想了又想（終於下定決心）。

"aba" laila"maarukat lia ki aku. mausay mikita riak a daxe."

"爸爸" 他說道"我要離開了，要去尋找好的土地"

tumala lia ki aba ka sadial a hinihinis lia.爸爸聽了心情很苦悶。

marukat lia ki Awi lia.阿偉要離開了！

maxaruaru lia ki aba.爸爸憂傷了。

tata ka ini riak ki dais.繼母壞臉色。

dalian lia ka " hau " sen ki Awi pikadun lia.

天亮了，阿偉喊了聲" 再會 "便啓程了。

muzakay madadi a ata-atas iu mudakis madadi a dapidapi-en iu matazakep madadi a raxung lia.

走向叢林，爬過了岩壁，轉向了溪流

mukudukut mikita nahada subut a dalum.踮腳尖望見有水泉。

museket didini lia.在此休息吧。

maxakekela lia ki Awi.阿偉心想著。

muzakay maanu lia.走那麼遠了。

dini ka riak a daxe iu nahada riak a subut a dalum lia.

此處有好的土地和泉水。

maatuxumak didini ka riak a xumak.可在此砌造好的房子。

maatuxumak didini ka riak a haimini.這是蓋房子的好地方。

Awi isia liaka taatamak a kahuy lia.阿偉開始砍樹木。

kita sen aubin ka nahada adang a maaxizapay a rubang mamais.

看見後面有一個年輕的姑娘。

rubang mamais isia liaka masikasikat liaka maraxiw lia.

那個姑娘羞答答的跑走了。

kita sen ki dakal ka nahani a apu lia. 看見前面有一個阿婆。

"sasay pai siw？"（阿婆問）你在做什麼？

Awi ka " taatamak a kahuy aunu matuxumak didini aku."

阿偉答，我在砍樹木，爲了在此搭房子。

" nahada tauxumak la isiw？"你有老婆了嗎？

" kuah！"沒有。

" taara-ay didini a hapet mamais siw？"
會在此娶個勤奮的太太？

" mayaw matuxumak ki naki a xumak."我的房子都還未蓋好。

" nahada mamais ka riak a aunu makabaret mukukusa."
有個太太才好啊，可以相伴工。

Awi isia liaka maki mini a mamais a masakep lia.
阿偉就和這個女子結婚了

Awi ki mamais ka Taruad sen.阿偉的太太叫做搭魯阿

Awi ka nahada mamais aunu makabaret mukukusa lia.
阿偉有了個太太可以相伴工了。

aubin a dali. Awi iu Taruad ka nahada dahu rakihan ali lia.
往後的日子，阿偉和搭魯阿有了很多子孫。

Awi iu Taruad imisiw ka mahatahatan lia.
阿偉和搭魯阿都很快樂。

imini a riak ka daxe ka Aurang sen.這個樂土就叫做烏牛欄。

naki a pasukuan ka muruput lia.我的故事說完了。

uhuni a dali ka ita dadua maisakep didini.今天咱們聚集此地。

mahatahatan dadua. ita ka Pazih a saw.
大家都很快樂，咱們是巴宰族人。

ita ka pauzah di Pazih a rakihan iu ali dadua.
咱們都是源於巴宰的子民。

ana paxarihan tarutudaw nita.別忘記我們的傳承。

pakatahayak Abababaw iu taubaret ki Saw a retel.
感謝天父和鄰居邵族。

Saw a retel iu ita dadua ka riak a abasan suazi.
邵族和我們是很好的弟兄姊妹。

pakatahayak imu dadua lia. 感謝大家。

（翻譯：賴貫一 2003/6/15）

資料來源：南投縣巴宰族群文化協會，《南投縣巴宰族群文化協會成立大會暨第一屆第一次理監事會議手冊》（南投：南投縣巴宰族群文化協會，2003）內頁。

六、台中中會各教會設教年份譜示表

資料來源：台灣基督長老教會台中中會網路資源

http://www.pcttcp.org.tw/index.php。

七、埔里區各教會位置圖

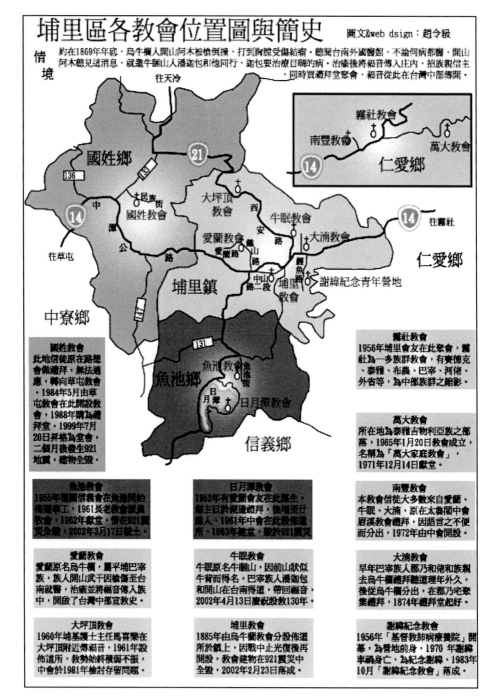

資料來源：台灣基督長老教會台中中會網路資源 http://www.pcttcp.org.tw/index.php。

八、愛蘭教會歷史紀事

時間	重要事略
1871 年	初蓋茅屋為禮拜聚會所。
1873 年	教士會派李庥牧師來興建第一間禮拜堂，信徒日增空間無法容納。同年分設大湳，牛眠為支會。
1880 年	教士會又派施大闢牧師為監工，重建第二間禮拜堂。戰爭中欲翻修屋頂，警察當局不准，於 1942 年拆除。
1883 年	陞為獨立堂會。
1905 年	封立曾持衡為首任牧師。
1908 年	分設北山坑支會。
1920 年	開設主日學，首任校長潘打眉，教員二名，學生二十多名。
1921 年	校長潘踏宇，教員十名，學生一百四十名。
1921 年	12 月 28 日設教五十週年紀念日，盛況空前。有英國牧師，神學博士巴克禮，日本及本省士紳，警官，商人參加。
1930 年	組織青年會，首任會長潘踏宇，書記潘勝輝，會員六十名。
1936 年	成立佈道隊，首任隊長潘仁義。
1945 年	台灣光復，羅文福牧師興建木造臨時禮拜堂。
1946 年	組織佈道團，與彰基醫師共同做山地醫療傳道。
1948 年	烏牛欄地名改為愛蘭，故教會亦改為愛蘭教會。
1956 年	趙信恩牧師以磚瓦重建第三間禮拜堂。
1957 年	開設幼稚園，園長趙信恩，保母曾信慈。
1971 年	設教一百週年。
1972 年	芳蘭互助社成立。
1975 年	與韓國教會呂門洞教會結為姊妹教會。
1979 年	與仁愛鄉萬豐教會結為姊妹教會。
1979 年	成立蘭音合唱團。
1980 年	興建靈修會館。
1981 年	設教 110 週年並靈修會館落成。
1985 年	成立蘭僑聯誼會。
1991 年	設教 120 週年。
1992 年	全省蘭僑聯誼大會。
1997 年	於崎頂成立福音中心。
1998 年	於崎頂成立華語堂。
1999 年	平埔巴宰族五間教會（大社、鯉魚潭、愛蘭、大湳、牛眠）1999 年首次聯合感恩禮拜。九二一地震，教會更新，更有宣教異象與使命。

2000 年	平埔過年運動會。
2001 年	設教 130 週年，教育館落成。
2003 年	成立南投縣巴宰族群文化協會。

資料來源：愛蘭教會提供。